AF451391

UNE

CHIENNE D'HABITUDE

A LA MÊME LIBRAIRIE

—

OUVRAGES DU MÊME AUTEUR :

Les Quarts de nuit, contes et causeries d'un vieux
navigateur, quatrième édition, 1 vol. in-18 . . . . 2 »

Les nouveaux Quarts de nuit, troisième
édition, 1 vol. in-18 . . . . 2 »

Les troisièmes Quarts de nuit, contes
d'un marin, 1 vol. in-18 . . . . 2 »

Le Mouton enragé, 1 vol. in-18 . . . . . 2 »

La Frégate l'Introuvable (101e maritime),
quatrième édition, un vol. in-18 . . . . 1 »

Les cousines de l'Introuvable, 1 vol. in-18 1 »

Paris pour les Marins, 1 vol. in-18 . . . 1 »

Jean-Bart et Charles Keyser, *études
maritimes,* 1 vol. in-18 . . . . 3 50

SOUS PRESSE :

L'Homme de feu, 1 vol. . . . . 2 »
Les aventures { **La route de l'exil,** 1 vol. . 2 »
d'un gentilhomme { **Le Manoir de Rosven,** 1 vol. 2 »
Les deux Routes de la vie.
Histoire du Père Ramassis-Ramassat
et du Mousse Flageolet, 1 vol. . . . . 1 »
Parrain et Filleul, 1 vol. . . . . 1 »

EN PRÉPARATION :

Les quatrièmes Quarts de nuit.
Les Quarts de jour.

Abbeville. — Imp. P. Briez.

UNE

CHIENNE D'HABITUDE

HISTOIRE D'UN GROGNARD D'EAU SALÉE

LE FOND DE LA MER

CONTE DE MATELOTS

PAR

G. DE LA LANDELLE

PARIS

P. BRUNET, LIBRAIRE-ÉDITEUR

RUE BONAPARTE, 31

1867

(Cette Nouvelle est extraite du volume intitulé :

les Quarts de nuit, qui se vend 2 francs).

UNE

CHIENNE D'HABITUDE

HISTOIRE D'UN GROGNARD D'EAU SALÉE

I

La Baleine d'or

Le soleil est couché depuis plus de deux heures, la lune ne se lèvera pas, le temps est affreux, il vente forte brise de sud-ouest goudronné, des lames déferlent à la côte avec un épouvantable fracas. Embruns salés, givre, grêle, pluie, tempête, voilà le dehors. Le dedans ne vaudrait guère mieux, au compte de bien des honnêtes gens. Une épaisse atmosphère d'âcre fumée de tabac remplit une chambre basse, noire, à peu près quadrilatère et splendidement illuminée par une méchante lampe qui rivalise avec les pipes des assistants; le gros vin de Saintonge coule à pleins bords dans des verres ébréchés, les jurons s'entrechoquent à l'envi; autour de massives tables de chêne, une trentaine de pêcheurs et de matelots renforcés sont entassés dans l'espèce d'entrepont terrestre qui, — à une demi-lieue de la Rochelle, — porte pour enseigne flamboyante une baleine d'or.

La mère Bigorne, respectable hôtesse de cinquante ans, trône à son comptoir, l'entonnoir d'une main, le pichet de l'autre; une chandelle jaune, fixée par sa propre substance sur une barrique en perce, éclaire, tant bien que mal, les opérations de la digne mère. Hébé, ou plus correctement Jeanneton, trotte, court, se multiplie, fait le compte de chacun, marque la coche des heureux à qui l'on accorde un crédit très-limité, porte du vin bleu ou du *fil-en-quatre*, rapporte de gros sous enduits de vert-de-gris : tout va le mieux du monde : on rit, on boit, on chante.

Ainsi, à la table principale, au dessous de la fumeuse lampe, une douzaine de camarades jeunes, gais, alertes, entonnent à gorge déployée la chanson du gabier de misaine, parodie maritime des *Laveuses du couvent* :

> Ah çà ! beau gabier de misaine,
> Avec ta chemise de laine
> Et ton chapeau noir bien ciré,
> Où vas-tu, les mains dans les poches ?
> Etc., etc...

Voyez leurs figures rayonnantes de plaisir. Sur chacune d'elles on lit une mâle hardiesse ; ce sont de francs et généreux enfants de la mer. Le soleil des tropiques a bruni leurs fronts, les fatigues du métier ont rendu plus saillantes les arêtes de leurs traits ; il y a quelque chose de rude dans leurs physionomies, mais cette rudesse n'exclut pas un air de bonhomie inaltérable.

Dans leur conversation, même contraste. A entendre leurs éclats de voix, leurs tonnantes exclamations, leurs terribles formules d'affirmation ou de négation, — car maintenant un grave sujet est discuté par l'assemblée, et les chants bachiques font place à d'énergiques discours ; — à entendre leurs formidables interjections par trop crues pour qu'on ne les supprime point, quelque respect qu'on ait pour la couleur locale; à voir enfin leurs poses, leurs gestes, leurs mouvements brusques et menaçants, on croirait qu'ils vont s'égorger. Point; c'est Prigent, Thomas, Le-Grand-Borgne et compagnie qui font à leur manière l'apologie du dévouement.

— Des bourgeois! hein... dit l'un, belle marchandise! ça vous a peur de tout. L'autre dimanche, j'en déhale un du fond du port où il était à même d'avaler sa gaffe; eh bien! quand je le jetai à terre, il criait encore comme un possédé : « Je me noie, au secours! » — Taisez-vous, chameau, que je lui dis, allons boire la goutte, ça vaudra mieux.

— Et les soldats! les pousse-cailloux! les cabillots!

— Qui parle de tourlouroux? des gentils garçons avec leurs pantalons rouges, des pas lourds qui ne savent pas mieux courir sur une poutre que sur une vergue. Ça me rappelle cet incendie de l'an passé, quand Le-Grand-Borgne s'en va chercher la belle jolie dame du colonel dans sa chambre, par-dessus un vrai gril de charbons tout reluisants... Les troupiers étaient en bas qui regardaient, ils n'y voyaient que du feu.

— Est-ce qu'il y a pareil aux matelots pour sauver

le pauvre monde? Moi, d'abord, quand j'entends appeler au secours, c'est plus fort que moi, j'y cours comme à la noce.

— Moi de même! — Moi aussi! — C'est fichtre vrai! s'écrièrent la plupart des assistants.

Les anciens qui occupaient les tables adossées aux murs se rapprochèrent des jeunes gens.

— C'est que c'est si amusant aussi de carotter un chrétien au grand diable d'enfer, qui doit en avoir une encâblure de nez.

— Ou seulement de lui flibuster, supposition! un avocat ou un négociant, sur quoi il comptait peut-être pour son souper.

— Foi de matelot, je serais capable de sauver un commissaire, un gendarme, n'importe! tout comme des hommes.

— Moi de même! — Moi aussi! — C'est fichtre vrai! répéta de nouveau le chœur des jeunes et des vieux.

Michel Martaillo fut le seul qui ne dit rien; et voilà précisément pourquoi Michel Martaillo mérite une mention particulière.

C'était un marin de trente-cinq ans environ, vigoureusement charpenté, d'une taille au - dessus de la moyenne, d'un extérieur farouche. Un peu voûté pa:

habitude, et ne se redressant que dans les grandes occasions, il était notablement laid, tamisé de petite-vé-
role, couturé de cicatrices et brèche-dents : une barbe
rouge horriblement peignée, d'épais sourcils, des cheveux ras, des yeux verts assez vifs et très-petits, com-
plétaient son signalement. Jamais on n'eut plus
morose apparence. Les rides que creusent le rire
et le sourire n'existaient pas sur son *facies*. Il portait,
du reste, la veste d'uniforme et les galons de caporal,
ce qui prouvait, d'une part, qu'il était au service de
l'État, et de l'autre, qu'il y occupait la brillante position de quartier-maître. Il avait obtenu une permission
de huit jours pour venir voir sa vieille mère à La Rochelle, car sa frégate, — *la Bellone*, — se trouvait
alors en rade de l'île d'Aix; des amis, ce soir-là,
l'avaient entraîné au cabaret de *la Baleine d'Or*.

La dissertation des matelots, devenue plus bruyante
en raison du nombre plus grand d'interlocuteurs,
c'était à qui démontrerait que rien n'est plus agréable
et plus récréatif que de risquer de se rompre le cou
pour sauver son prochain. L'assemblée paraissait una-
nime sur ce point. Michel Martaillo s'avança jusqu'au
bord de la table du milieu; trois fois il étouffa un jure-
ment, trois fois il retourna dans son coin obscur en

haussant les épaules de pitié. A la fin, il n'y put tenir, la plus effroyable des formules d'exécration que puisse fournir le glossaire du gaillard d'avant, se fit jour à travers son gosier. Jeanneton et la mère Bigorne elles-mêmes en tressaillirent ; le silence succéda au tumulte, tous les regards se tournaient vers le sombre quartier-maître, qui poursuivit en ces termes :

— Matelots, mes vieux, voilà tantôt une demi-heure que j'écoute, que je marronne et que je me damne ; faut que je largue ma bordée !..... faut que je vous explique clair et net que vous êtes tous des sauvages, des paysans, des sots, oui, des sots, de tristes sots, comme dit notre capitaine, — ce qui est, à mon avis, le plus mauvais compliment qu'on puisse faire à des hommes.

Il est constant que l'épithète de *sot* est si peu usitée, au-delà du grand mât, qu'elle y paraît monstrueuse. Traitez un matelot de caïman ou de failli-chien, il y prend à peine garde ; mais sot, mais triste sot, de tels termes dépassent toutes les bornes du savoir-vivre. — La politesse est affaire de conventions.

L'exorde ne paraissait pas du goût de l'auditoire ; personne cependant n'interrompit Michel Martaillo, tant il l'avait pris sur un ton élevé.

— Après ça, continua-t-il, ne nous fâchons pas, j'ai mon idée, vous allez voir.

Cette transition atténuante fut du meilleur effet; l'intérêt alla *crescendo*, on eût entendu marcher un cancrelas (1) pendant que le quartier-maître reprenait haleine en humant une bouffée de tabac :

— Passez l'inspection de ma face, les amis. Ici, au-dessous de l'œil, c'est un coup de sabre anglais; pourquoi l'ai-je ramassé sur le physique?... — Pourquoi! pour sauver un vilain oiseau de lieutenant qui m'a plus souvent puni qu'aucun autre tout le restant de la campagne : et d'un! — A cette heure, mesurez-moi un peu cette brûlure sur la joue gauche, large comme la paume de la main, sans compter que l'oreille du même bord est racornie comme un cornet de poivre; où ai-je attrapé ça?...— Où je l'ai attrapé! à la pêche de la baleine, une nuit, en évitant au capitaine de route d'être cuit comme un œuf dans l'huile bouillante

(1) En histoire naturelle Kakerlaque (*blatta indica*), mais les marins appellent cancrelas cet insecte plat et dégoûtant qui, dans les pays chauds, pullule à bord par myriades. Les plus grands qui ont cinq à six centimètres de longueur sont aussi nommés ravets. Sur tout le littoral de la France, où blattes et ravets sont trop connus, on emploie toujours le mot vulgaire *cancrelas*, jamais le terme scientifique *kakerlaque*.

où il allait piquer une tête. Il va sans dire que j'en ai eu les deux mains sans pelure plus d'un grand mois. Eh bien! je n'étais pas guéri qu'on me forçait à nager dans les pirogues et que mon aviron m'écorchait jusqu'au sang; la basane n'avait jamais l'aisance de repousser, et encore, au retour du voyage, on m'a fait tort, sur ma part, de cinquante-deux francs cinquante-cinq centimes : et de deux! — Mais ça n'est rien. Sortant de Toulon, mauvais temps comme ce soir, j'étais sur *le Colosse* à l'époque, un homme tombe à la mer. Sans faire ni un ni deux, je saute à l'eau, je le croche, je l'installe sur la bouée, on met un canot dehors, on nous ramène à bord du vaisseau. Le commandant était jaune de colère, il m'envoie passer trois jours aux fers, pour m'apprendre, dit-il, à risquer de me noyer : et de trois! — Faut être juste, par exemple, il m'a fait avoir la médaille au retour. Celui que j'avais repêché était un brigand qui déserta le mois d'après, en volant le bazar de mon matelot, le brave Calimard, vous savez. Eh bien! comme de raison, je partage mon sac avec Calimard; voilà qu'il débarque, il prend la bordée du large, et moi je suis accusé d'avoir vendu mes effets, je passe jugement, et le reste; ça s'est arrangé pourtant avec quinze jours de cachot. — Une

autre fois... bah! je n'en finirais pas; en différents
endroits, à Alger, à Mahon, à Calcutta, au Diable-
Vert, j'en ai sauvé six; et avec ces six-là, j'ai eu plus
de désagréments que si j'en avais tué douze, — voilà
la pure vérité!

Un murmure admiratif parcourut la foule; chacun
savait que Michel Martaillo n'exagérait en rien.

— Par conséquence donc, je dis, moi, qu'il faut
être un sans-raison, un innocent, un rien du tout,
pour tourner seulement la tête quand on crie au secours. Qu'ils brûlent! qu'ils s'échaudent! qu'ils s'é-
chignent! qu'ils se noient! ça m'est égal, je n'en veux
plus, je ne dérape pas de mon coin! Faites comme
moi, matelots; voilà ce que je voulais dire à la compagnie.

Là-dessus, le quartier-maître ralluma sa pipe éteinte,
et retourna prendre sa place dans l'angle où il avait
provisoirement été domicile. Les plus éloquents ne sa-
vaient que répondre; leur verve était coupée.

L'un des anciens, qui connaissait de longue date
Michel Martaillo, compléta son histoire héroïque.
D'après lui, si le quartier-maître était aussi laid, ce
n'était pas de naissance; il n'avait rien de repoussant
quand il était mousse; ses cicatrices et ses brûlures ne

le défiguraient pas encore, et son visage n'était point criblé comme aujourd'hui, attendu qu'il n'avait été atteint par la maladie qu'en faisant le métier de garde-malade auprès de l'enfant de son hôtesse à Lorient. Quant à ses dents, il n'y avait pas plus de quatre ans qu'il les avait perdues, dans une rixe, en s'efforçant d'empêcher quelques camarades d'être ramassés et reconduits à bord par les gendarmes : un coup de poignée de sabre dans la mâchoire le réduisait ainsi à la dure nécessité de ne plus naviguer au long cours sur des bâtiments de commerce, car on n'y a pas du pain frais tous les jours en suffisante quantité. Michel Martaillo ne voulait pas se faire pêcheur, il était incapable de manger du biscuit ; il se trouvait donc contraint, à son grand regret, de rester à jamais dans la marine militaire.

— Ce qui me dépasse tout de même, murmura Le-Grand-Borgne, c'est qu'un homme comme ça soit dégoûté des sauvetages.

— Tiens! dit Prigent, puisqu'il a bien paré la coque à une dizaine tout compté, il peut sûrement se tranquilliser si ça lui plaît.

Les choses en étaient là, et, faute de mieux, le coryphée de la bande allait redonner le ton, lorsque

Jeanneton, sortie un instant, rentra en poussant des cris d'alarme :

— Seigneur puissant! disait-elle, un canot vient de chavirer sur la pointe.....

Elle n'avait pas fini de parler que le cabaret était vide.

Pêcheurs et matelots s'étaient précipités dehors en emportant quelques rouleaux de corde qui, tout à l'heure, se trouvaient entassés sous les tables. La plage était couverte de riverains. Malgré le temps affreux qu'il faisait, Le-Grand-Borgne et ses camarades lancèrent à la mer leur barque de pêche échouée sur la vase; mais l'opération fut assez longue, bien que tous les matelots fissent des efforts inouïs. Les plus lestes montèrent l'embarcation; Le-Grand-Borgne fut obligé de repousser une partie des marins, c'était à qui le suivrait, et il ne fallait point que le bateau fût trop chargé. Les autres se postèrent avec des cordes de distance en distance, prêts à tout dès qu'ils trouveraient l'occasion d'être utiles. Mais on ne voyait rien, rien, si ce n'est l'écume blanche des vagues qui, poussées par le vent en sens contraire du courant, rejaillissaient en gerbes de tous côtés; on n'entendait que le tumulte du sud-ouest irrité, que le fracas des flots qui se tordaient au rivage ou s'entre-choquaient au large.

Tout à coup, cependant, une voix tonnante, qui sortait du milieu des lames, héla ainsi :

— Ho! de la côte! ho!

— Holà! répondit-on au même instant.

— Envoyez une amarre!

— On y va! crièrent les autres.

Thomas, resté sur le bord, se déshabilla en un clin d'œil, passa la corde à son bras et se jeta à la nage dans la direction d'où partait la voix.

Afin de bien marquer sa position, l'homme qui avait hélé la côte, chantait d'un ton lugubre : — *Ici, ho! Ho-hé! Hissoué! Hourah! Hop!*

Le matelot parti de terre trouva dans l'eau un nageur qui lui remit un enfant et disparut.

La barque des pêcheurs arriva peu d'instants après sur le lieu du désastre. Cinq hommes se débattaient alors autour d'un canot défoncé. L'un d'eux, évanoui, était soutenu par un marin qui le passa d'abord aux rameurs; puis on sauva tous les autres, cramponnés encore à des avirons, à des débris de mâture ou à la quille de l'embarcation chavirée. Le dernier qui grimpa dans la barque était nu, il ne dit pas un mot. L'on avait trop à faire pour s'occuper de lui. Seulement, lorsque le patron demanda s'il ne restait plus personne à l'eau, et que les gens du canot répondirent : — « Nous avions un enfant avec nous, le fils de ce monsieur évanoui; » — le dernier venu ajouta : — « L'enfant est à terre, je l'y ai porté. »

Dans l'obscurité l'on ne pouvait reconnaître celui qui parlait de la sorte; Le-Grand-Borgne se tourna vers lui :

— Qui es-tu ? dit-il.

— Ça ne te regarde pas, répliqua l'autre, gouverne droit !

A quelques longueurs de barque du rivage, le laconique sauveteur se précipita dans l'eau, et, l'état de la mer ayant rendu l'abordage très-difficile, le nageur toucha la terre plus de dix minutes avant que le bateau de pêche fût tout à fait en sûreté.

Lorsque les hardis riverains rentrèrent dans le cabaret de *la Baleine d'Or*, Michel Martaillo fumait gravement sa pipe au coin d'un grand feu que la mère Bigorne venait de faire allumer. Thomas s'efforçait de ranimer le courage d'un jeune garçon de dix à douze ans qui pleurait à chaudes larmes en appelant son père.

— Soyez tranquille, mon petit monsieur, disait-il, votre papa sera sauvé, la grande barque le ramènera bien sûr. C'est Le-Grand-Borgne qui est patron dedans; il s'y entend, calmez-vous.

Le pauvre enfant était inconsolable, ses lamentations faisaient pitié. Michel Martaillo fut tenté de rompre le silence, et même il commença de grogner sourdement pour préluder peut-être à quelque rude apostrophe; mais les gens de la barque ouvraient la porte, il se tut, quitta sa place et alla se cacher de nouveau dans son coin obscur.

— Mon père! mon père! Dieu! il est mort! cria d'une voix déchirante le petit garçon.

— Non! non! votre père n'est pas mort, ne vous désolez pas, dit Le-Grand-Borgne en plaçant sur le banc de la cheminée un homme complètement évanoui, auquel Jeanneton et la mère Bigorne prodiguèrent aussitôt les soins que réclamait son état.

Les pleurs du petit garçon cessèrent de couler; Prigent, qui avait le don de l'éloquence, lui fit comprendre que son père ne tarderait pas à reprendre ses sens. Puis chacun raconta sa version.

— Ah çà! voyons un peu, dit Thomas à haute voix, quel est donc celui qui m'a passé ce petit monsieur pour le porter à terre?

Personne ne répondit.

— Et quel est le sauvage qui m'a remis M. Du·
maine, et qui après s'est jeté dehors sans dire gare?

Même silence.

On savait le nom du personnage principal de l'embarcation chavirée : c'était un riche propriétaire de
l'île de Ré, que des affaires urgentes appelaient à La
Rochelle; le mauvais temps n'avait pu le retenir; et,
croyant bien faire, il était parti de la pointe de l'île
la plus rapprochée du continent, au lieu de fréter un
des grands passagers du port de Saint-Martin.

— Sommes-nous tous ici? s'écria Prigent.

Les anciens comptèrent et répondirent :

— Oui, oui, nous y sommes tous.

— Alors apparemment c'est quelqu'un qui n'est
pas de la compagnie.

— Et moi, je gage que c'est vous, caporal, reprit
vivement Le-Grand-Borgne en s'adressant à Michel
Martaillo.

Tous les yeux se tournèrent vers le quartier-
maître.

— Pas si bête! dit-il.

— C'est toi, dit un ami du marin, tu n'étais pas
ici pendant le coup de feu.

— Moi! plus souvent! regarde : mes habits ne sont pas seulement mouillés.

— Pardienne! interrompit Jeanneton, ce n'est pas malin, il les avait laissés sous le hangar au bois, où je les ai vus.

—Eh bien! oui! c'est moi! là! Je suis un imbécile, un chameau, un triple sot! je l'avoue. Mais je vous avertis, moi, que le premier de vous qui apprendra mon nom à ce monsieur, je lui ferai passer un vilain quart-d'heure; vrai comme je ne suis qu'une vieille bête incapable de résister à sa chienne d'habitude!... Bon soir !

Là-dessus, le quartier-maître essaya de sortir, ses camarades le retinrent quelques instants.

—Reste donc, matelot, reste, disaient-ils, on ne te dénoncera pas; sois calme; nous allons faire route ensemble, il n'est pas neuf heures.

— Larguez-moi! les pieds me brûlent, je ne veux pas demeurer ici une minute de plus.

Le farouche caporal achevait ces mots, quand M. Dumaine rouvrit les yeux, tendit les bras à son enfant, l'embrassa tendrement, et remercia Dieu de le lui avoir conservé.

Michel Martaillo se sentit ému par ce tableau, détourna la tête et fit encore trois pas vers la porte.

— Mais attends donc ! crièrent les autres.

— Quoi attendre ? je suis pressé !

— Mon père ! s'écria le jeune fils de M. Dumaine, voici l'homme qui nous a sauvés tous deux, il part sans vouloir qu'on le nomme.

— Maudit gamin de mousse de malheur ! hurla Michel Martaillo furieux, que le ciel te...

Le reste se perdit dans l'éloignement, le quartier-maître avait brutalement repoussé ses amis, et prenait la fuite en courant.

II

Le Départ

Lorsque Michel Martaillo entra chez sa vieille mère, il était démoralisé.

— Tenez, mère, dit-il, votre fils n'est pas un homme ; il n'a pas pour six liards de résolution...

— Qu'as-tu donc, mon pauvre Michel ? demanda la bonne femme.

— Ce que j'ai? Que je tombe toujours en faute. Je n'ai pas pu résister encore ce soir; je viens de repêcher un monsieur et son fils qui ont chaviré en canot, toujours la même manie! J'avais juré mes grands dieux qu'on ne m'y reprendrait plus. Bah! j'entends crier, me voilà à l'eau. J'arrive par bonheur à l'endroit qu'il fallait, le monsieur tenait son garçon... — « Sauvez mon enfant, les forces me manquent, le froid me glace, mon Dieu! ayez pitié de lui!... » Aussitôt, mère, je nage droit à terre, je passe le petit à Thomas qui s'était mis à l'eau, — un brave homme, ce Thomas, il s'exposait à rester planté dans la vase! — Enfin je reviens encore à temps pour crocher le monsieur qui coulait, un certain Domaine, un richard de l'île de Ré; ça va me faire du tort, bien sûr! Je ne voulais pas dire que c'était moi, on m'a vendu. Ah! je réponds bien qu'on ne m'y repincera de ma vie! Je me boucherai les oreilles, je serai sourd, plus sourd qu'un sourd-muet, voilà!

La vieille mère avait pris les mains calleuses du matelot et les réchauffait entre les siennes, elle lui souriait doucement, elle était fière de son fils.

— Michel, tu as bien fait, dit-elle, pourquoi te désoler de même?

— Parce qu'on saura que c'est moi et que ça me vaudra encore de la misère. Je vous ai dit cinquante fois mes raisons.

— Mon enfant, si, comme tu le crois, ces sauvetages te font du tort à terre, ils ne t'en font pas dans le ciel.

— Et je réponds, moi, que le bon Dieu a ses raisons pour faire chavirer les canots et qu'on ne doit pas aller contre sa volonté... C'est même une idée, voyez-vous, un sujet de plus pour qu'une autre fois je me tranquillise.

— La mer est bien grosse ce soir, interrompit la vieille femme avec une sorte d'effroi, tu auras failli te noyer, mon pauvre Michel?

— Oh oui! c'est vrai. Un moment j'ai senti mes pieds qui touchaient la vase, j'ai cru que j'y coulais.

— Mon brave fils, mon enfant, dit la pauvre mère, et je ne t'aurais plus revu! Mon Dieu! j'en serais morte aussi de douleur.

— Quand on est bête comme moi, on ne songe à rien de tout ça..... Et qui vous ferait la délègue (1)

---

(1) Délègue, ou correctement délégation, retenue que les matelots font prélever sur leur solde en faveur de leurs familles.

de sa paie, si j'étais noyé?..... Je suis un sans-cœur de fils; si je ne me retenais pas, je me battrais.

La veuve Martaillo était violemment émue. Le quartier-maître se promenait dans la chambre; au bout d'un instant, il déboutonna sa veste et défit sa ceinture de cuir.

— Voyez-vous, mère, cet agrément de sauver des bavards de gamins comme celui de ce soir. J'avais encore trois jours francs, eh bien ! adieu ! je me sauve à bord; avant le jour, je serai en route.

— Quoi ! déjà ! je t'ai à peine vu.

— J'ai peur de ce M. Dumaine, moi ; faut que je pousse au large.

— Mais, mon pauvre garçon, quel mal peut il t'arriver? Que veux-tu qu'on te fasse?

— Je n'en sais rien. Je sais que mes sauvetages m'ont toujours mal tourné, c'est connu! Celui-ci commence par me coûter trois jours de permission, à la case, avec vous, mère.

— Reste, Michel, je t'en prie.

— Assez causé! Demain matin, je viendrai vous embrasser dans votre lit. Ce soir, faisons nos comptes, et attrape à se coucher.

En disant ces mots, le marin débouclait sa ceinture.

Il en fit sortir une vingtaine de pièces de cinq francs qu'il divisa en trois parts inégales.

— Primo, d'abord, mère, voici la moitié de mon décompte, et d'une! c'est de droit. Secondement, si j'avais passé ici encore trois jours, à 10 francs par jour de *regalamientos*, comme dit l'Espagnol, j'aurais bien mangé trente francs; après tout, vaut mieux que ça vous serve, et de deux! — Reste 20 francs, de quoi faire ma provision de fil, aiguilles, savon et tabac pour la campagne; j'aurai encore 5 francs, frais de route payés. Le commissaire n'a jamais si bien compté que moi.

Le marin replaça vingt francs dans sa ceinture, donna le bonsoir à sa mère et s'endormit; mais la pauvre femme s'agenouilla auprès de son lit et pria longtemps pour lui.

Le lendemain, aux portes ouvrantes, Michel Martaillo sortait à grands pas de La Rochelle comme un malfaiteur qui tremble d'être arrêté.

III

Autres conséquences d'un sauvetage incognito

A bord de *la Bellone*, quand les camarades du
quartier-maître le virent revenir trois jours avant
l'expiration de son congé, ils lui en demandèrent la
raison, mais, — poursuivi par son idée fixe, — il
refusa brusquement de s'expliquer. Le gaillard d'avant
en jasa. Les mauvaises langues ne tardèrent pas à dire
que Martaillo devait avoir eu quelque méchante affaire
chez lui. Ce bruit parvint aux oreilles du capitaine
d'armes, adjudant de police toujours prédisposé à re-
cueillir les versions les moins charitables. Le capitaine d'armes, sous-officier d'artillerie essentielle-
ment soldat, n'aimait pas le quartier-maître, qui
professait un souverain mépris pour l'exercice au fusil,
la guêtre et le sac en peau ; il crut devoir faire part
de ses propres suppositions et des cancans de l'équipage au lieutenant du bord.

Sur les entrefaites, arriva de Rochefort une lettre

du commissaire de la marine qui demandait instamment le nom d'un caporal de *la Bellone*, récemment envoyé en permission à La Rochelle. La lettre se terminait par ces mots :

« ..... J'ignore par quel motif M. Dumaine, un » des plus recommandables habitants de l'île de Ré, » tient à ce renseignement qu'il sollicite avec chaleur; » car il n'a jamais voulu me l'avouer. Mais M. Du » maine est trop généralement estimé dans le pays » pour que je ne fasse pas mon affaire de la sienne; » et puisqu'il lui importe de savoir le nom du permis » sionnaire, j'espère que vous voudrez bien me le » faire connaître sous le plus bref délai. »

L'on répondit immédiatement par le nom de Michel Martaillo.

Dès le premier soir, M. Dumaine avait pris ses informations auprès de l'hôtesse et des habitués de *la Baleine-d'Or*; personne n'avait voulu trahir l'incognito de Michel. — « Le sauveteur, lui dit-on, craignait pardessus tout que son action fût connue à bord de sa frégate. » M. Dumaine apprit pourtant que cette frégate était *la Bellone*. Quand il eut réglé les importantes affaires qui l'appelaient à La Rochelle, il fit tout exprès le voyage de Rochefort, et eut re cours, comme l'on voit, à l'autorité administrative.

Il avait respecté les bizarres volontés du quartier-maître, en se réservant d'aller le trouver dès qu'il saurait son nom, de le récompenser libéralement et d'obtenir de lui la permission de rendre un hommage public à son dévouement, à son courage désintéressé, à sa rare modestie. Mais M. Dumaine n'eut pas le temps de se rendre à bord, la rade est à une très-grande distance de la ville, et le soir même la frégate reçut par le sémaphore l'ordre de partir.

Il s'ensuivit que la lettre du commissaire fut interprêtée défavorablement; les chefs du navire pensèrent tous que Michel Martaillo avait dû jouer quelque tour pendable à M. Dumaine, qui, par commisération sans doute, voulait essayer d'en obtenir réparation de gré à gré. Les hypothèses du capitaine d'armes, les cancans de l'équipage et la mine farouche du quartier-maître étaient autant de circonstances aggravantes.

Quand la frégate jeta l'ancre à Lisbonne, lieu de sa destination, Michel Martaillo jouissait à bord de la réputation de bandit consommé.

Le matelot d'un matelot

Peu de jours après l'arrivée à Lisbonne, le capitaine d'un navire français en chargement vint porter plainte au commandant de la frégate contre un certain Calimard, matelot de son bord, indiscipliné, mauvaise tête, excellent gabier du reste, mais dont il sollicitait le débarquement. Aucun chef d'accusation bien précis ne pesait sur Calimard, on se contenta de le prendre sur *la Bellone*, où il retrouva Michel Martaillo, son intime camarade.

Pour la première fois, depuis six grands mois que la frégate était armée, on vit la figure du quartier-maître exprimer quelque plaisir. Ses yeux pétillèrent, et quoique les ressorts du sourire fussent rouillés chez lui, ses lèvres se retroussèrent ou à peu près. Calimard oublia ses ennuis à l'instant même ; les deux marins se *rematelotèrent*, c'est-à-dire que, comme autrefois à bord du *Colosse*, tout redevint commun entre eux, pipes, tabac, argent, effets et le reste.

Calimard était cependant un homme bien différent de Michel. Au physique d'abord, c'était un beau garçon tout d'une venue, droit comme un mât de hune, souple comme une drosse de gouvernail, âgé de vingt-huit à vingt-neuf ans, mais paraissant plus jeune encore. Au moral, un peu difficile à mener et parfois très-turbulent, ainsi que l'avait dit son ancien capitaine. Or, au nombre des mérites de Michel Martaillo, on doit ranger en première ligne une rare subordination : abstraction faite du *troupiage*, de l'exercice du fusil, *de la boutique au capitaine d'armes*, pour parler son idiome, il était le serviteur le plus obéissant. Le quartier-maître était taciturne, d'une mise sévère, d'une rudesse que l'on connaît assez; le jeune gabier était communicatif et même bavard, coquet, avenant, bon garçon. S'ils avaient quelque similitude, ce n'est en rien de ce qui frappe au premier abord.

L'équipage fut très surpris de voir quel *matelot* ou, en termes vulgaires, quel ami, quel frère d'armes choisissait Calimard. Cependant celui-ci se chargea de raconter ses anciennes relations avec Michel Martaillo, dont il fit, bien entendu, un éloge homérique; ses récits commencèrent à modifier l'opinion du gaillard d'avant sur le compte du quartier-maître. Mais le capitaine d'armes, le lieutenant et les autres chefs directs des deux marins, — à l'exception toutefois du maître de manœuvre, vieux connaisseur en matelots, — toutes les autorités du bord enfin, pensèrent que qui se ressemble s'assemble. Calimard embarquait avec de mauvaises notes, Michel était déjà mal noté.

Certes, il fallait que l'honnête quartier-maître se fût bien sagement comporté depuis le départ de l'île d'Aix pour avoir conservé les galons de caporal. Maintenant, sans qu'il en sût rien, une lourde accusation du capitaine d'armes pesait de plus contre lui : l'argus avait surpris un de ses discours adressé à une réunion de camarades, sous le petit tillac, pendant une nuit noire. On connaît l'unique sujet sur lequel pouvait pérorer le laconique quartier-mîatre; il n'avait de verve que contre le dévouement. Il donna donc une seconde édition de sa terrible allocution aux pêcheurs et matelots de *la Baleine d'or*. Seulement, cette fois, il ne se cita point pour exemple. — Empruntant à saint Paul la forme de l'Epître aux Corinthiens :

— Je sais un matelot, dit-il, qui a été à l'eau et au feu, qui s'est plongé dans l'huile bouillante et qui a

sauvé plus de dix hommes en diverses occasions, etc.
Mais il n'ajouta point, comme l'Apôtre : — « Je puis
me glorifier d'être cet homme-là. »

Après avoir énuméré tous les désagréments qu'entraîne la *manie du sauvetage*, il conclut, comme la
première fois, en déclarant qu'il fallait être dépourvu
de sens commun pour imiter un pareil fou.

Calimard, à la vérité, révéla jusqu'au bout la pensée
du quartier-maître; malheureusement le capitaine
d'armes n'avait entendu que ce dernier, dont les paroles furent rapportées, dès le lendemain, au lieutenant de la frégate.

— Ce Martaillo est donc décidément un homme dangereux? dit l'officier.

— Très-dangereux, capitaine, répondit l'adjudant,
il est capable de démoraliser tout un équipage.

— Continuez à le surveiller de près, trouvez-moi
un grief plus solide, il est temps de lui enlever tout
crédit.

— Oui, capitaine, il faut le démonétiser sur l'avant,
le casser comme verre !...

— Mais, que diable! c'est un excellent matelot, au
dire du maître de manœuvre.

— Et au mien, sauf votre respect, capitaine, c'est

un lâche, qui ne saura jamais la charge en douze temps, et ça porte les galons de caporal !

— Un lâche, c'est possible ! mais n'a-t-il pas une médaille ?

— Je n'en sais rien. S'il en a une, il faut qu'il l'ait volée ; quand on tient des propos pareils à ceux que j'ai entendus hier soir, on n'est ni bon marin, ni bon soldat.

Là-dessus, le grand inquisiteur de *la Bellone* fit un salut militaire, et alla continuer son active surveillance.

Vers midi, un incendie éclata dans le palais du marquis de Golpelhas. Aussitôt, à bord de *la Bellone* on fit armer la chaloupe et le grand canot. La pompe à jet continu, des haches, des seaux y furent déposés ; les charpentiers et calfats, plusieurs officiers et aspirants de marine s'y embarquèrent avec les rameurs ; le maître de manœuvre reçut l'ordre de désigner, en outre, trente marins d'élite ; — il choisit tout d'abord Calimard et Martaillo.

Le capitaine d'armes n'avait rien à dire, mais il s'adjoignit à l'expédition, dans le but d'exercer sa police sur les travailleurs lorsqu'on serait à terre.

Calimard se frottait les mains, Michel Martaillo grognait :

— Tu es un enfant, matelot, disait-il, voici que tu te réjouis, pourquoi? Est-ce à nous d'éteindre ce feu là? Sommes-nous embarqués pour empêcher les Portugais de se rôtir si ça les amuse !

Calimard souriait bonnement.

Un quart d'heure au plus s'était écoulé, quand les gens de *la Bellone* arrivèrent au pied du monument qui brûlait. La populace effrayée les accueille par des cris d'espérance ; ils s'emparent des échelles ; les officiers font former la chaîne, la pompe commence à jouer. Le capitaine d'armes avait dit au quartier-maître de rester avec lui, pour forcer le peuple à se passer les seaux. Michel parut d'abord accepter ce poste de grand cœur.

— Au fait, murmurait-il, c'est l'ordre, je fais mon service, je suis payé pour ça !

Mais dès qu'il vit Calimard au haut d'une échelle, entrant dans le palais par une croisée, le caporal, qui ne luttait pas sans peine contre ses instincts de sauveteur, abandonna son poste et s'élança d'un bond vers l'édifice.

Une seconde après, il disparaissait dans la direction suivie par son matelot.

Tandis qu'à l'extérieur la chaîne s'établit et que les

marins suspendus aux corniches, reçoivent l'eau, se la passent de mains en mains, courent sur les toits, abattent des cloisons et des solives, et, semblables à des salamandres , ont l'air d'être dans leur élément, — Calimard et Martaillo se retrouvent au milieu de la fournaise. Le bruit courait que la famille du marquis s'était réfugiée au centre du corps de logis donnant sur la cour intérieure, et que l'escalier de cette partie du palais était entièrement consumé. Les deux matelots pénétrèrent aussi avant qu'ils purent, — ils cherchaient ; — des clameurs désespérées les guident, — ils se soutiennent mutuellement, et, s'accrochant comme des lézards aux crevasses des murs, ils atteignent enfin le pavillon principal.

Au dessous, au-dessus, tout autour d'eux, l'incendie se tordait en flammes rougeâtres.

Quelques marins, cependant, avaient forcé le passage d'un autre côté ; ils entraient dans la cour.

— Une échelle ! une échelle ! enfants ! cria Martaillo qui grimpait toujours.

L'échelle fut apportée à l'instant même ; le quartier maître et son fidèle matelot reparurent avec des femmes qu'ils venaient d'arracher aux flammes.

A peine étaient-elles sauvées, que Calimard croit

encore entendre des cris étouffés, il se précipite de nouveau dans l'intérieur, Martaillo le suit.

Presqu'aussitôt la solive embrasée, sur laquelle courait le jeune gabier, cède sous son poids; il tombe dans la fournaise. Martaillo pousse un hurlement de rage; puis, faisant un bond prodigieux, il saute non loin de l'endroit où son matelot vient de rouler. Il se trouvait sur une espèce de plate-forme isolée, soutenue seulement par quatre colonnes de marbre. Alors il se laissa glisser aussi près que possible du brasier ardent, afin de secourir son ami. Sa tentative plus qu'audacieuse fut inutile; c'était en vain qu'il s'exposait à brûler vif; le malheureux gabier était tombé la tête la première sur le bûcher, ses vêtements étaient déjà réduits en cendre, il ne bougeait plus.

Michel Martaillo ayant distinctement vu le corps sans mouvement, se rehissa sur la plate-forme et s'assit.

—Il faut donc qu'on ait une mère!... murmura-t-il.

Ce fut là qu'on le retrouva une heure après, lorsque l'incendie fut entièrement éteint. On ne savait s'il possédait encore sa raison. Il expliqua cependant comment son matelot avait péri, et ajouta ensuite avec une sorte d'égarement :

— Oui ! oui ! il faut donc qu'on ait une mère !...

Le maître de manœuvre comprit le sens de cette parole, et lui dit amicalement :

— Oui, Martaillo, mon fils, il faut qu'on ait une mère, sans quoi on resterait là où son matelot est resté. J'ai senti ça dans mon jeune temps. Sois calme, mon garçon, Calimard ne se bourlinguera plus ; il y a là-haut un bon Dieu qui prendra soin de lui.

— C'est comme ça que parlerait ma mère, répondit Michel. Merci, maître, vous êtes un ancien et un brave.

Après quoi, le marquis das Golpelhas vint offrir une bourse d'or à Martaillo, qu'on lui désignait comme le sauveteur de sa femme et de ses enfants ; mais le quartier-maître entra en colère, rejeta dédaigneusement la bourse, et se prit enfin à pleurer.

Le capitaine d'armes n'obtint pas que Michel Martaillo fût mis aux fers pour avoir abandonné son poste à la chaîne des seaux, le lieutenant s'y refusa.

Le commandant de *la Bellone* prit le quartier-maître sous sa protection et se chargea de lui faire accepter plus tard le don du marquis das Golpelhas.

Enfin, à partir du jour de l'incendie, l'équipage professa une estime singulière pour le farouche caporal, qui, le mois suivant, sur la proposition du commandant de la frégate, fut nommé second maître de manœuvre, en vertu d'une décision spéciale du conseil d'avancement.

V

Madeleine Calimard

La tristesse de Michel Martaillo devint plus sombre que jamais; hors du service, il ne rompait guère le silence que pour maudire le dévouement et les imprudences qu'il fait commettre. Un fatal grief s'ajoutait à ses anciens griefs, la mort de Calimard avait été causée par l'espoir de sauver une victime de l'incendie; mais maintenant la monomanie de l'officier marinier était respectée par tout le monde.

Au Sénégal, où la frégate se rendit après avoir quitté Lisbonne, un canot chavira sur la barre, Michel sauva deux hommes, dont l'un était le capitaine d'armes.

La frégate désarma à Toulon. Michel obtint un congé pour aller revoir sa mère.

Pendant son voyage, il fut arrêté par une inondation de la Durance; le brave matelot n'écouta que son cœur, et le canot dont il s'empara rendit les plus grands services. Tant que sévit la catastrophe, tout alla au mieux; mais, selon son principe, il voulut garder l'incognito, de peur de la reconnaissance publique. Il refusait avec colère de se nommer; on le prit pour un vagabond, les gendarmes l'arrêtèrent. Il avait perdu dans l'eau l'étui de fer-blanc qui contenait ses papiers, et pour comble de malheur on le fouilla. Sa ceinture contenait deux ou trois cents francs en argent, plus une bourse d'or étranger; le tout fut déposé chez le juge de paix; Michel fut mis en prison.

Alors seulement il consentit à dire la vérité : son récit parut fabuleux, et quinze jours s'écoulèrent avant qu'on eût reçu de Toulon des renseignements qui confirmaient toutes les déclarations du second maître.

Le maire et le juge de paix, le brigadier de gendarmerie lui-même, se confondirent en excuses. Ils lui promirent de faire un rapport circonstancié de sa belle conduite durant l'inondation. Michel Martaillo les envoya à tous les diables de terre et de mer, et poursuivit sa route.

Enfin, il arriva à La Rochelle; sa mère était fort

inquiète de son retard, on laisse à penser quelle tirade il fit contre sa chienne d'habitude.

La veuve Martaillo habitait alors un petit logement fort propre et passablement meublé; un air de bien-être tout nouveau était répandu dans son domicile; quand elle eut embrassé son fils et qu'ils eurent mêlé les douces larmes du retour, quand le marin eut fini de raconter son voyage par terre :

—Ah çà ! mère, dit-il, d'où vient cette richesse? ce n'est assurément pas sur ma pauvre délègue que vous avez pu économiser de quoi acheter tout çà. J'ai beau être second maître, une pièce de dix francs de plus chaque mois n'est pas *assez suffisant* pour se gréer de même.

—C'est pourtant par toi que cela m'est arrivé, dit la vieille femme en souriant.

—- Expliquez-vous, mère, je n'y comprends rien.

—Après ton départ à bord de *la Bellone*, M. Dumaine que tu as tiré de l'eau, est venu me voir; il a voulu que la mère de Michel Martaillo ne fût plus sans feu dans un grenier au fort de l'hiver; c'est lui qui m'a installée comme tu vois.

Le digne second maître ne répondit rien, il venait de songer à la reconnaissance du seigneur portugais, et à la mort de Calimard. Sa mère vit qu'il était triste, et plus il essayait de maîtriser sa douleur, moins il y parvenait, car elle l'interrogeait, mais il ne pouvait parler. Sa voix rauque était étouffée par les sanglots.

A la fin, il prononça le nom de son cher matelot Calimard, et raconta brièvement l'histoire de l'incendie que la bonne femme connaissait déjà; elle frémit au récit des dangers inouïs que le pauvre Michel avait courus en tâchant de retirer du feu l'intrépide gabier.

—Pour lors, donc, ajouta Michel, il n'est pas malheureux que M. Dumaine ait soin de vous : une fois par hasard ça peut servir de sauver quelqu'un ; pas de règle sans exception, comme dit le fourrier. Oui, mère, il est bon que vous soyez à l'aise à cette heure, car ma délègue sera pour une autre, ma délègue, et encore ceci que le commandant m'a forcé de prendre : — il montrait la bourse donnée par le marquis das Golpelhas. — Allons chez la femme à Calimard.

Le jeune gabier laissait une veuve et deux enfants, réduits à la dernière misère par le fait de sa mort et de la suspension d'envoi de sa demi-paie.

Quand Michel et sa mère entrèrent dans le triste réduit de Madeleine Calimard, l'infortunée fondit en larmes. Elle berçait son plus jeune enfant, l'autre était pendu à son bras, et voyant que sa mère pleurait, il pleurait aussi. Longtemps la douleur commune empêcha le second maître de dire un seul mot, mais à la fin, rompant brusquement le silence :

—Madeleine, dit-il, je n'aime pas le mariage, moi, ni les femmes non plus, hormis ma bonne femme de mère. Pourtant, il m'est venu une idée : les enfants de mon matelot n'ont plus de père, si vous me voulez, je suis paré; le reste vous regarde !

Il fit quelques tours dans la chambre avant de poursuivre.

— Après ça, reprit-il, voici qui est à vous, c'est de l'or, il y a de quoi aller bien du temps avec... Ne me demandez jamais d'où ça vient! ajouta le rude marin d'une voix étouffée.

Alors, il reprit sa promenade en attendant une réponse.

Madeleine était une belle brune de vingt-cinq à vingt-six ans. Elle n'avait plus ni père ni mère; Calimard l'avait épousée quatre ans auparavant, elle ne savait rien d'aussi beau dans le monde que son malheureux mari. De sa vie elle n'avait songé à un autre; et puis Michel était si laid, si vieux en apparence, si peu galant. Elle le regarda tout d'abord avec une sorte d'effroi, elle regarda ensuite ses deux pauvres enfants, elle leva de nouveau les yeux sur Michel, et les baissant encore sur ses enfants qu'elle embrassa pour se donner de la force, elle fut au moment d'accepter la main du second maître. Mais celui-ci, quoiqu'il eût l'air absorbé dans ses réflexions, avait tout vu, tout compris :

— Bien ! Madeleine, bien ! assez causé ! ma vieille carcasse ne vous va pas ; tant mieux ! ce que j'en faisais, c'était par rapport à mon matelot...

— Mais, monsieur Michel, interrompit la mère désolée, je n'ai rien dit encore, et mes deux enfants...

— Soyez calme, Madeleine, vos enfants ne manqueront de rien tant que Michel Martaillo aura ses deux bras à son service. Je ne tenais pas à être votre mari, moi ! je veux à cette heure que vous soyez ma sœur, et que ma mère soit votre mère et que vous soyez sa fille. Ma bonne femme se fait vieille, voyez-vous, eh bien ! vous l'aiderez, vous la soignerez, et elle bercera les petits ; et moi je vous enverrai ma délègue, et quand les fils de Calimard seront en âge d'être mousses, je leur apprendrai le métier. Un matelot, un vrai matelot comme Calimard, c'est un frère ; vous donc, Madeleine, vous êtes ma sœur. N'est-ce pas, mère, qu'elle est votre fille?

Les deux femmes étaient dans les bras l'une de l'autre.

Michel les contempla longtemps en pensant à Calimard ; il prit ensuite sur ses genoux Joseph, l'aîné des deux petits garçons, et le caressa paternellement.

Dès le même jour, comme il avait été dit, il fut fait. Et après trois mois de séjour à La Rochelle, le second maître repartit pour Toulon.

VI

Suite et fin des aventures de Michel Martaillo

L'ancien commandant de *la Bellone* étant revenu de Paris avec l'ordre d'armer et de monter le vaisseau *le Sans-Pareil*, maître Martaillo ne manqua pas de se présenter chez lui. On conçoit que l'officier marinier obtint sans peine son billet d'embarquement. Pendans le cours de la campagne, le taciturne marin se montra plu ennemi que jamais, en paroles du moins, de tout

les dévouements d'action. Lorsqu'à la table de la mais-
trance il lui arrivait de rompre son silence accoutumé,
ce n'était que pour commenter le même texte. Il finis-
sait toujours par songer à Calimard, et alors, afin de
dévorer sa douleur, il s'éloignait brusquement; ses
collègues s'habituèrent à la longue à son caractère
bizarre.

Cependant, trois ou quatre fois, on eut besoin
d'hommes intrépides, surtout lors du fameux coup de
vent qu'essuya le vaisseau entre les Baléares et la côte
d'Espagne; le commandant choisit constamment maître Martaillo le premier de tous.

Le Sans Pareil ayant démâté de ses trois mâts de
hune, il importait de couper les manœuvres qui les
retenaient le long du bord. Il s'agissait du salut du
bâtiment; les espars, repoussés contre la muraille par
une mer furieuse, menaçaient de la défoncer à chaque
instant. Le second maître sans même avoir été désigné,
s'était élancé à l'extérieur la hache à la main, son
exemple fut suivi; les mâts furent entraînés par la
mer, le navire dégagé. Les dangers que courut Michel
en cette circonstance sont inimaginables; s'il ne fut
pas enlevé par les lames, c'est une sorte de miracle.
En rentrant à bord, comme on le louait de son sang-

froid et de son courage, il répondit avec humeur :

— J'ai fait mon service, mais croyez bien que sans ça je ne m'exposerais point de même, pas si bête !

Néanmoins il continua de jouer sa vie à pair ou non, toutes les fois qu'il vit quelqu'un en péril.

Après chacun de ses actes de dévouement, il restait huit jours sans desserrer les dents, mécontent de lui-même ; il s'adressait les plus violents reproches, et si on le questionnait, il s'accusait rudement d'être incorrigible et de retomber toujours dans sa chienne d'habitude.

Ainsi s'écoulèrent, sur différents navires, cinq ou six années pendant lesquelles Martaillo reparut trois fois à La Rochelle.

Madeleine soignait la bonne femme, les enfants de Calimard grandissaient, la délégation était exactement servie par les soins du commissaire de l'inscription maritime. Au retour de chaque campagne, le second maître partageait en outre son décompte arriéré avec sa mère et celle qu'il nommait sa sœur. D'un autre côté, l'or portugais avait été sagement employé. Une partie de la somme était placée à la caisse d'épargne, l'autre avait servi à compléter le bien-être des braves gens que M. Dumaine venait toujours voir de temps à autre et qu'il protégeait avec une noble sollicitude. Rien de tout cela ne changeait les opinions du grognard d'eau salée : la mort de Colimard était à ses yeux un argument sans réplique contre le dévouement.

En 1838 et 1839, Michel Martaillo, alors premier maître de manœuvre, naviguait dans les Antilles à bord d'une grande corvette. Il se trouva en rade de Fort-Royal, lorsqu'eut lieu le tremblement de terre. Il passa consécutivement trois jours et trois nuits à piocher, à déterrer les vivants du milieu des décombres, à travailler de toutes ses forces. Il fut blessé par plusieurs éboulements, tandis qu'il creusait, sous les ruines, des passages pour ceux qu'il arrachait à la mort. Par l'effet de cet excès de zèle, il fut atteint de la fièvre jaune. Pendant sa maladie, il répétait avec désespoir le nom de sa mère et celui de Madeleine :

— Qui leur donnera du pain ? Qui leur enverra sa délégue ? s'écriait-il ; j'avais bien besoin de m'éreinter pour ces créoles et ces nègres de malheur ; je suis un sans-cœur et un misérable, c'est sûr !

— Tranquillisez-vous, maître Martaillo, dit le chirurgien-major, ayez du flegme et de la confiance, je réponds de vous guérir.

— Du flegme, comment voulez vous que j'en aie ?

Si j'avale ma gaffe, ma vieille mère et Madeleine retomberont dans la misère.

— Maît.e, poursuivit le docteur, vous guérirez si vous n'avez pas peur de mourir.

— Peur ! dit le marin, je n'ai pas peur pour moi, mais pour elles.

— Alors, je vous ordonne de ne plus vous inquiéter, c'est ma consigne, reprit le médecin.

— Suffit, major, répliqua maître Martaillo qui obéit à la lettre.

Huit jours après, il était sur pied.

A Cayenne, voyant qu'un requin allait dévorer un baigneur, Martaillo se précipita brusquement à la mer. Sa chute fit peur au terrible cétacé, qui prit la fuite.

A la Havane, maître Martaillo étant descendu à terre, pendant une émeute de noirs, préserva son commandant d'un coup de stylet, mais le reçut lui-même à la main. Soit que l'arme fût empoisonnée, soit que la chaleur seule eût envenimé la blessure, la gangrène s'y mit; il fallut couper l'avant-bras du vaillant maître d'équipage.

Durant l'opération, il se reprochait encore sa chienne d'habitude, en disant :

— Je n'avais que deux bras pour les faire vivre et, à cette heure, me voici manchot.

Malgré ses regrets qu'il ne dissimulait point, maître Martaillo avait des droits à la reconnaissance de son capitaine. Un rapport circonstancié, dans lequel l'offi-cier supérieur mentionnait tous les derniers actes de dévouement du marin, fut expédié au ministre. Quand cette pièce arriva, l'ancien commandant de *la Bellone* et du *Sans-Pareil* était attaché au ministère de la marine. Dieu fit qu'il en entendit parler. Aussitôt le capitaine de vaisseau relata, dans un second rapport, tous les autres exploits du maître de manœuvre. On retrouva aussi une pièce adressée au ministre, long-temps auparavant, sur le même homme, par les auto-rités d'un village des bords de la Durance.

Michel Martaillo, cependant, avait été renvoyé dans ses foyers, comme désormais incapable de servir l'Etat. Il avait alors quarante-huit ans passés. Or, attendu qu'il naviguait depuis l'âge de dix ans, il complétait, inter-ruptions déduites, cinquante mois de mer de plus que les trois cents rigoureusement exigés du marin qui sol-licite sa retraite. Le commissaire de La Rochelle, en faisant valoir les droits du brave maître, n'oublia pas d'ajouter à ses états de service plusieurs annotations honorables. Il y joignit, en outre, une lettre de M. Dumaine et un récit de sa généreuse conduite envers la veuve et les enfants de Calimard. Mais l'invalide ignorait tout cela, et sa mélancolie était si profonde, que sa vieille mère et Madeleine ne pouvaient venir à bout de le dérider.

— Que faire maintenant? disait-il avec amertume, me voici pareil à un vieux ponton envasé; je suis cloué à terre comme un soldat ou un procureur. Ils vont me donner ma retraite, joli denier ! Et voici que je coûterai plus que je ne rapporterai à la case, car enfin je ne puis pas me passer de fumer ma pipe et de boire mon boujaron de sec, sans compter qu'il me faut du pain frais, vu que je n'ai plus de dents.

— Mon enfant, proposa timidement la vieille mère, si tu te faisais nommer patron d'une barque de pêche ou d'un passager de l'île de Ré !

Michel prêta l'oreille plus attentivement, une lueur d'espoir brilla dans ses yeux.

— Nous avons à la caisse d'épargne plus qu'il n'en faudrait pour ça ; tu pourrais commander au cabotage, si tu voulais....

— Est-ce que je sais les calculs, moi! interrompit le marin.

Madeleine sortit sans rien dire et se rendit chez M. Dumaine, qui était alors à La Rochelle. A son retour, elle était bien joyeuse intérieurement, mais Michel avait cessé d'être séduit par l'appât de commander un bateau. Avec un bras de moins, faire la pêche lui semblait impossible; l'examen de capitaine au cabotage l'effrayait; et quant à l'intérêt à prendre dans la coque d'une barque quelconque :

— Non, mère, disait-il, cet argent de la caisse d'épargne n'est pas à nous, c'est à Madeleine, voilà mon idée; et j'aimerais mieux perdre l'autre bras et les deux jambes avec, que d'y toucher seulement du bout de l'ongle !

— Mais, interrompit Madeleine, si maintenant je vous demandais d'être votre femme ..

— Pourquoi ça? répliqua sévèrement le maître, c'est coulé depuis plus de dix ans, n'en parlons plus !

— Pardon, maître Martaillo, c'est que je pensais que si vous étiez mon mari, rien ne s'opposerait à ce que vous prissiez l'argent pour avoir une barque.

— Assez causé!... s'écria le marin en détournant la tête, car il était touché du sacrifice que voulait faire Madeleine.

— Et puis, votre mère vous le dira, Michel, je

vous aime à présent que je vous connais mieux. Vous seriez le père des enfants de Calimard, comme vous disiez dans le temps.

— Michel, mon bon Michel, pourquoi refuses-tu ? dit la vieille veuve, tu vois bien que tu la chagrines.

— Je refuse, parce que je suis laid, vieux, manchot, bon à rien ; du reste, vous le savez bien, vous, je n'aime pas le mariage, c'est connu !

— Elle est si douce, reprit la mère Martaillo, tu l'aimerais tant.

— Ah ! par exemple, Madeleine, je me défie bien de t'aimer un brin de plus qu'à présent ; tu es ma sœur, je l'ai dit, la femme de mon matelot, de Calimard. C'est bête de se jeter à l'eau et au feu pour le premier venu, comme c'est ma chienne d'habitude, mais pour vous, mère, ou pour elle, je suis paré à me faire couler avec la grande ancre en cravate.

Restait un dernier argument, la mère Martaillo l'employa :

— Je suis bien vieille, dit-elle, et elle est encore jeune ; Madeleine n'a pas trente-sept ans. Après moi, où demeurera-t-elle ? Et ce n'est pas tout, si toi aussi tu venais à mourir, elle n'aurait pas même de pension de veuve, elle n'en a pas eu pour Calimard, tu le sais; eh bien ! après toi, mon fils, elle serait sûre d'en avoir une.

— Parbleu ! dit le rude marin, si ce n'est que ça, qu'elle en prenne un autre, la denrée ne manque pas sur la place.

Madeleine fondit en larmes.

— Non ! s'écria-t-elle, je n'aurais pas attendu cela de vous. Voici la première fois que vous me faites de la peine, mais il était impossible de m'en faire davantage. Moi, capable de quitter votre mère ! de vouloir un autre homme que le matelot de Calimard !

Maître Martaillo sentit qu'il avait eu tort ; il prit la main de Madeleine et la serra doucement en essayant d'adoucir sa grosse voix plus rauque que le vent du sud-ouest.

— Là, là ! ma belle petite Madeleine, dit-il, ne pleure pas de même, j'ai tort, je te demande pardon ; voyons, que faut-il faire ?

— Il faut te marier avec elle, interrompit la mère Martaillo.

— Eh bien !... ça y est ! et soyez contentes. Il le faut, mille tonnerres ! si ça vous rend heureuses ; et d'ailleurs il est juste qu'elle ait un jour la pension de veuve à cause de moi. Voyons, à quand la noce ?

Les enfants qui avaient attentivement écouté, pleurant quand leur mère pleurait, et souriant avec elle, se précipitèrent à ces mots vers l'invalide, et se suspendirent à son bras ; ils l'appelaient leur père.

Michel Martaillo, tout ému, les embrassait, et Madeleine et la vieille veuve, les larmes aux yeux, se félicitaient l'une l'autre, lorsqu'un gendarme vint chercher le maître de manœuvre de la part du commissaire de l'inscription.

— Que me veut celui-ci? dit le marin.

—Rien de mauvais, je pense, répliqua le gendarme ; le commissaire avait l'air d'avoir quelque bonne nouvelle à vous apprendre.

— C'est ma retraite apparemment, ajouta le maître en sortant avec le gendarme.

Quand il rentra il était rayonnant.

— Primo d'abord, mes vieilles, dit-il, la retraite est réglée crânement mieux que je n'y comptais. Secondement, M. Dumaine qui était là, — tu avais été le voir pour moi, ma bonne Madeleine, — M. Dumaine me donne à commander son grand lougre le *Marsouin*, joli morceau de bois ! Le commissaire dit qu'il arran-

gera tout, moyennant que je prouve à la commission
que je connais nos côtes et que je suis capable de faire
mon point par le quartier ; je sais ça par cœur, ce n'est
pas malin. Enfin, troisièmement, voici le plus beau!..
Dimanche, ils me donneront, quoi, mère ?..... devinez !.... Sais-tu ce qu'ils me donneront, Madeleine?...
La croix d'honneur ! cinq cent mille tonnerres! la croix
d'honneur !

Le vieux maître d'équipage, l'héroïque sauveteur
pleurait de joie ; mais, après un moment de silence,
il reprit de son ton le plus farouche :

— Seulement, ces sauvages-là ont voulu la liste de
tous les hommes que j'ai sauvés de manière ou d'autre depuis que je navigue, et je n'ai pu refuser, j'étais
si content! Ca me jugule, tout de même. Que vont-ils
faire de cette liste?

— Allons, Michel, n'y pense pas, répondit la mère
Martaillo au comble du bonheur, jusqu'à présent il
me semble que tes sauvetages t'ont fait plus de bien
que de mal. Vois M. Dumaine, et le commissaire d'ici,
et celui de Rochefort, et chacun dans le pays. Tout
notre bien être, tout notre contentement ne viennent-
ils pas de tes belles actions?

L'invalide, pour réponse, aurait pu montrer son

moignon, il n'y songea même pas, mais il dit d'une voix sourde :

— Mère, vous oubliez Calimard !

Moins d'un mois après, maître Martaillo, patron du beau lougre *le Marsouin*, qui cabotait d'ordinaire entre La Rochelle et Saint-Martin-de-Ré, sortait de chez lui en grand uniforme de premier maître de manœuvre. La croix d'honneur et plusieurs médailles brillaient sur sa poitrine, à côté du bouquet de nouveau marié.

Madeleine lui donnait le bras.

Les enfants de Calimard et la bonne vieille mère Martaillo suivaient, ainsi que tous les habitués de la *Baleine d'or*, Prigent le chanteur, Thomas, Le Grand-Borgne, leur hôtesse la mère Bigorne, et une foule de riverains, de pêcheurs et de marins, entre lesquels on doit signaler un ancien camarade de *la Bellone*, le disert Madurec qui, d'aventure, était alors dans le port de la Rochelle.

On se rendait à l'église.

On y trouva M. Dumaine et sa famille, venus tout exprès de Saint-Martin-de-Ré pour assister au mariage de maître Michel Martaillo. Le commissaire de marine avait aussi jugé convenable de s'y montrer. Le curé qui bénit les nouveaux époux ne put s'empêcher de rendre un hommage public aux belles qualités du vieux marin.

Le soir de la cérémonie nuptiale, un grand festin eut lieu à *Baleine d'or*, la mère Bigorne et Jeanneton firent merveilles. Le ciel était pur et la mer sereine, la fête se prolongea, sans incidents tragiques, jusqu'à une heure fort avancée de la nuit.

On complimentait à l'envi Michel et Madeleine toute fière des louanges unaniment données à son second mari, — vrai cœur de matelot, disait-on, qui avait gagné tous ses grades par des actes de dévouement.

Pour la première fois, le patron du *Marsouin* souffrit ces éloges sans les interrompre, ce que remarqua, non sans plaisir, le clairvoyant Madurec.

Mais, à quelque temps de là, lorsque, par suite des efforts réunis des divers protecteurs de Michel Martaillo, l'Académie française lui décerna l'un des prix Monthyon, et que le maire de la Rochelle lui fit part de cet heureux événement, en lui expliquant le but de l'institution :

— Tremblement de Brest! s'écria le marin, voilà encore de fameux oiseaux à gros bec, avec leurs idées d'encourager le pauvre monde à faire des bêtises comme j'en ai fait toute ma vie. On a bien raison de dire qu'il ne faut compter ni sur un serment d'ivrogne, ni sur une promesse de joueur. Moi, c'est de même, j'avais beau avoir cinquante bonnes raisons pour ménager ma peau, va! je t'en fiche! j'oubliais tout.... Enfin, monsieur le maire, je vous remercie malgré ça, on sait ce qu'on a à faire.

D'après Madurec le Trévennais, qui fit plusieurs relâches à La Rochelle, le lougre *le Marsouin*, commandé par Michel Martaillo et monté, entre autres marins, par Joseph et Pierre Calimard, est aujourd'hui cité comme le plus hardi des caboteurs de la côte. Quatre ou cinq navires au long cours, pilotés par lui, sont entrés dans les pertuis par des temps affreux, des temps de perdition. Martaillo le manchot et les deux fils de sa femme sont désormais en grande vénération sur le littoral, des Sables-d'Olonnes à Marennes, de l'Ile-d'Yeu à l'île d'Oléron, dans un rayon de plus de dix lieues autour du cabaret de la *Baleine d'Or*. En-

fin, malgré la faible vocation matrimoniale du valeu-
reux maître et pilote, il rend Madeleine la plus heu-
reuse des femmes maritimes du pays, — Madeleine, la
veuve de son cher et infortuné matelot.

LE FOND DE LA MER

CONTE DE MATELOTS

(Ce Conte de matelots est tiré du volume intitulé :

les Quarts de nuit, qui se vend 2 francs).

LE FOND DE LA MER

I

Sur les Sondes

Nuit noire, brume épaisse, fraîche brise du nord, mer houleuse sans être trop dure; — en style de journal nautique et de table de loch, voilà le temps qu'il faisait. Deux heures du matin venaient de piquer à la cloche du bord ; le capitaine monta sur le pont et donna l'ordre de diminuer de toile.

Le prudent Ulysse et le hardi Jean-Bart eussent également approuvé cette manœuvre ; car la veille, à midi, le point plaçait le navire à quarante lieues environ de la côte, et si l'estime de la route parcourue depuis était exacte, on devait se trouver dans les passes de Brest, passes fort dangereuses, comme on peut le savoir. Des bancs de roches se dressent de toutes parts, et ne sont que l'indice d'écueils plus perfides cachés sous l'eau ; les courants variables et l'état de la marée compliquent la situation ; le secours d'un habile pilote, pratique des atterrages, est indispensable pour naviguer à travers le dédale menaçant qui hérisse les abords de la rade.

Le vieil Ar-Braz d'Ouessant, pilote lamaneur juré, n'avait pas quitté son poste de toute la nuit, mais il avait beau cligner les yeux, le feu de la tour, voilé par le brouillard, n'apparaissait pas :

— Sans la brume, commandant, dit-il, ce serait péché que rentrer ses bonnettes et serrer ses perroquets avec un joli vent de travers comme ça... Pourtant, sauf votre respect, faites carguer les basses voiles... Les ancres sont en mouillage, c'est bien !... Et il y a du monde paré à mouiller, n'est-ce pas ?

— Oui, maître Ar-Braz, répondit le capitaine, on peut jeter l'ancre quand il vous plaira.

— Sur trente-cinq brasses de câble et paré à filer davantage, reprit dogmatiquement le pilote.

— Comme il vous plaira, répondit encore le capitaine.

Personnage obscur et des plus subalternes durant tout le cours de la campagne, le pilote côtier grandit d'une coudée aux approches du port. Alors ses volontés sont des ordres ; le capitaine qui refuserait d'y condescendre assumerait sur sa tête la responsabilité de la perte du navire, et n'aurait aucune excuse devant le conseil de guerre maritime.

Les basses voiles furent carguées et pendirent en festons au-dessous de leurs vergues ; trente-cinq brasses de câble furent élongées pour filer avec l'ancre au premier signal ; le plus profond silence régnait à bord.

Le pilote examina la carte marine, fit son calcul mental en tenant compte des courants, et se tourna tout à coup vers le capitaine.

— A présent, dit-il, faites sonder ; j'entends la mer qui chante le long des roches ; le vent du nord m'apporte une odeur de varech ; il a passé sur Ouessant... En tout cas, soyons bien parés à l'ancre.

Le vieux pratique prêtait l'oreille et flairait le vent.

— Celui-là, murmura Pierre Capucia le timonnier, est plus roué que le grand diable d'enfer ; il

sent la terre comme un chien de chasse ; on le croirait
sourd, et il reconnaît le bruit de la lame sur les bri-
sants, pendant que la mer moutonne tout autour de
nous.

— Je ne suis pas si sourd que je ne t'entende bien,
méchant caïman, dit le pilote avec colère, et tu ferais
mieux de ne pas parler du diable quand nous sommes
au vent des Pierres-Noires à trois ou quatre encâblures peut-être.

Pierre Capucin étouffa un ricanement et se tut ; le
capitaine ne put s'empêcher de sourire... mais déjà le
pratique était absorbé dans ses fonctions délicates ; il
attendait qu'on eût sondé, pour être bien sûr que ses
sens déliés ne le trompaient point.

Cependant l'officier de service, d'après les ordres du
capitaine, dirigeait la manœuvre ; les matelots desti-
nés à filer la ligne de sonde se portèrent en dehors,
tandis que les autres, rangés sur les cordages, obéis-
saient aux commandements brefs et précis du chef de
quart. La vitesse fut amortie, et quand le navire ne
bougea presque plus, le marin qui tenait le plomb obéit
au signal parti de l'arrière et le lança le plus loin
qu'il put en criant : *Veille ! veille ! veille !*...

Chaque matelot avait entre les mains un rouleau

de la longue ligne, et en la coulant au plomb qui descendait rapidement, chaque matelot répétait à son tour : *Veille ! veille ! veille !...*

C'est toujours une scène imposante, curieuse et qui étonne singulièrement les passagers, que cette opération du sondage, que ces voix qui se succèdent en se rapprochant, comme le cri militaire : *Sentinelle ! prenez garde à vous !*

Enfin, une voix plus sonore que les autres s'interrompit elle-même en disant : *Fond !*

L'énorme bloc de plomb venait de toucher ; la ligne s'était arrêtée entre les mains de Pierre Capucin, qui ajouta :

— Soixante brasses !

— Bien, dit le pilote, voyons l'espèce du fond.

L'équipage hissait à présent, main sur main, le volumineux saumon que Pierre Capucin rapporta en dedans sur son épaule et qu'il présenta au pilote. Celui-ci prit gravement son couteau, détacha une épaisse tranche de suif, destinée à recevoir l'empreinte du fond et la posa sur une assiette que tendait un mousse.

On entendit un son mat, un son métallique, lorsque le suif toucha le bord de l'assiette; le pilote tressaillit :

— A mon compte, dit-il, le fond devrait être de roche et non de gros gravier.

Le capitaine frissonna; si le pratique s'était trompé, l'on pouvait être en perdition :

— Que faut-il faire, pilote? Parlez! s'écria-t-il.

— Doucement, capitaine, on apporte le fanal, nous allons voir.

Pierre Capucin accourait en effet avec un fanal qui éclaira tout à coup l'assiette.

Un cri de surprise s'échappa de toutes les bouches; une grosse pièce de métal brillant était collée au suif.

— Fond d'écus de six francs! murmura Pierre Capucin; le diable bat monnaie au vent des Pierres-Noires.

— Tais-toi donc, damné maudit, reprit encore le pilote en faisant le signe de croix. Commandant, poursuivit-il, tout va bien; à côté de cette pièce d'argent vous voyez ces marques en creux, c'est fond de roches comme je disais; nous ne risquons rien. Dans un quart d'heure, nous devons trouver sable fin mêlé de coquilles.

Le capitaine respira plus librement, il rendit l'assiette à Pierre Capucin.

— Et cet argent? demanda le timonnier.

— Ce qui tombe dans le fossé est pour le soldat; ce qui mord au plomb est pour le sondeur.

— Merci, commandant.

Le navire commença de courir en bonne route; toutes les prévisions du pilote se réalisèrent. Un quart d'heure après, la sonde rapporta sable fin mêlé de coquillages brisés. Puis, la profondeur de la mer diminua graduellement, et l'on arriva par quinze brasses.

Le vieux pratique jugeait parfaitement de la position du navire; toutefois, le labyrinthe d'écueils qu'il fallait traverser ensuite était trop compliqué pour continuer à faire voiles sans autre guide que les sondes,

— Dans cinq minutes nous mouillerons, dit Ar-Braz.

— Dans cinq minutes, soit! répondit docilement le capitaine.

Mais le brouillard était rapidement chassé par le vent du nord; le ciel devint clair tout d'un coup, et l'on aperçut à la fois le phare d'Ouessant et celui de la pointe Saint-Mathieu.

— Il n'y a plus de soin, commandant, s'écria le vieil Ar-Braz en se frottant les mains, sainte Anne nous envoie cette éclaircie. J'y vois aussi bien qu'en plein midi; laissons nos ancres aux bossoirs, faites de la toile, profitez de la brise et gouvernez droit.

Toutes les voiles de beau temps furent établies de nouveau.

Au point du jour, l'ancre tombait, non par précaution et de crainte d'erreurs, mais parce qu'ou était arrivé à destination en rade de Brest.

II

Ce que c'était que Pierre Capucin

En l'an de grâce 1833, je faisais campagne à bord du brig de l'Etat l'*Alcibiade*, et ma plus grande distraction était sans contredit la visite régulière que je rendais chaque soir aux hôtes du gaillard-d'avant. Chaque soir j'allais m'établir aux environs du mât de misaine, tout seul parfois, parfois avec Auguste Laurier, le plus silencieux de mes camarades. Les matelots avaient pris l'habitude de nous voir dans notre coin, ils ne se gênaient pas devant nous; j'en étais enchanté. J'assistais ainsi fort à mon aise au spectacle de leurs jeux.

J'aimais surtout, — ce qui arrivait de deux jours l'un, — que les babordais eussent le premier quart de nuit, car au nombre des babordais se trouvaient Prigent le chanteur, et son digne ami Madurec, conteur inépuisable, auquel appartient le début de cette légende maritime. Je me suis seulement permis d'y retoucher quelque peu.

Madurec avait un auditoire au fait des allures du pilote et de l'opération du sondage; son exposition fut beaucoup plus rapide que la mienne; mais je n'empiéterai pas davantage sur ses droits d'auteur. Que le lecteur veuille bien prendre place sur l'affût voisin ou sur le bout du mât de rechange, il verra l'orateur humer quelques bouffées de sa vieille pipe, il l'entendra continuer en ces termes :

« — Pierre Capucin, matelots, était un renégat qui avait un peu fait tous les métiers, et même qui avait étudié dans les livres pour devenir curé; mais apparemment l'apprentissage ne fut pas de son goût, puisqu'il alla s'engager forban à Alger, qui, de ce temps-là, était une contrée comme qui dirait aujourd'hui Saint-Barthélemy. Tout un chacun qui avait fait quelque mauvais coup était certain d'y avoir de l'avancement au choix.

» Mon Pierre Capucin passa vite capitaine d'une grande coquine de tartane et attrape à courir! Un mois après, il avait en ville un bazar de sultan, un vrai Louvre et des esclaves de toute couleur ; le dey, voyant ça, se dit en lui-même qu'il serait temps de le faire empaler et de confisquer ses richesses. *Empaler*, parlant par respect, c'est la manière de guillotiner en Turquie ; on vous embroche un homme ni plus ni moins qu'un canard, sans même lui offrir un coup de tafia pour consolation.

» Une nuit donc, Capucin, qui rentrait de course avec une masse de prises, venait de se coucher à terre dans son palais et dormait mieux qu'un honnête matelot après le grand quart, quand il voit en rêve un monsieur tout habillé de rouge, pire qu'un troupier anglais, qui lui dit :

» — Capucin, mon fils, lève-toi en double, va-t'en au port et prends le large. Sans ça, demain matin, tu seras planté sur le minaret de la grande mosquée et tu n'y reverdiras pas, j'en réponds.

» — Qui es-tu, toi qui m'appelles ton fils? Je ne te connais pas.

» — Je suis le grand diable d'enfer, lui répond le monsieur habillé de rouge. Je te connais; voilà la différence.

» — Grand diable d'enfer, c'est un beau grade! pensa Pierre Capucin.

» Il se réveille, se frotte les yeux, ne voit plus personne. C'est égal!... il saute bas de son hamac, s'habille, court droit à bord : *Range à appareiller!*

» Comme il levait l'ancre, une chaloupe de soldats du dey pousse du quai, le patron commence de crier bien fort :

» — Signor capitan, monsir Moustacha-Beschir voulir ti parlir, ti no partir! escoutir!

» C'est leur mode de parler en *ir* à tous ces moricauds-là, ça ne sait pas dire *pain*.

» — Tu répondras à ton monsir Moustacha-Beschir qu'il est trop matin, qu'il revienne plus tard, bon soir!

» Le patron ne se lassait de héler à pleins poumons, on aurait dit d'une baleine qui renifle; il racontait dans son provençal que le dey était pressé, qu'on avait d'abord passé au Louvre du capitan, mais que comme il n'y était plus, on venait vite le prévenir.

» Si vous aviez vu rire Pierre Capucin pendant que l'autre baragouinait de même :

» — Connu, patron, connu ! dit-il qu'il dit, tu perds ton temps et ta peine. Fais-moi l'amitié de nager à terre, s'il vous plaît, et en double, ou je te coule à la minute!

» En même temps, il bordait sa grand'voile et ses avirons et pointait son canon à pivot. Mais le patron savait que le dey n'était pas tendre. Être coulé ou être pendu à la façon du pays pour n'avoir pas ramené Capucin-Pacha, voilà tout le choix qui lui restait.

» J'aimerais mieux avoir à choisir entre une bonne bouteille de vin de Lamargue et un gigot roti à l'ail... je prendrais les deux. C'est justement ce que fait le patron. Il s'entête après la tartane de peur du dey. A la minute, maître Capucin lui envoie sa volée, le coule roide, et d'un! L'autre se sauve à la nage, le dey l'envoie ramasser et on le loge sur le paratonnerre du minaret..., Voilà qui va bien !

» Quand Pierre Capucin le reconnut du large avec sa longue-vue, piqué là-haute comme un papillon sur une planche de pitre, il recommença à rire en disant :

» — Je pare une fameuse coque; grand diable d enfer, une fois et deux fois, merci !

» — Tu n'as pas fini de rire, dit une voix qui sortait de la grosse poulie d'arrière où passe l'écoute de grand'voile des tartanes d'Alger.

» Mais Pierre Capucin était un forban achevé, il n'eut pas peur.

» Ce n'est pourtant pas commun une poulie qui parle comme un homme. »

Après cette judicieuse réflexion, Madurec prit haleine, l'auditoire en fit autant; mais un novice bas-breton assis sur la poulie d'amure de grand'voile, n'osa pas rester à sa place, de crainte d'avoir le diable aux talons.

— Tiens! s'écria Prigent, voici Biniou qui se défie du palan d'amure.

Les matelots ne se firent pas faute de quolibets goudonnés :

— Dam! j'ai entendu quelque chose dans la poulie, dit le novice, moi je ne suis pas le fils du grand diable je m'en vas.

Si Madurec n'avait repris la parole, l'infortuné Biniou eût défrayé l'hilarité commune jusqu'à la fin du quart; mais heureusement le gabier eut bientôt secoué les cendres de sa pipe, le silence se rétablit; Auguste et moi nous tendîmes l'oreille avec une attention nouvelle.

— Biniou n'a pas tort, dit le conteur, on fait toujours bien de ne pas s'asseoir sur un palan qui travaille. A bord de la *Bellone*, nous avons perdu comme ça un aspirant qui fut emporté par le point de grand'-voile. La grosse poulie, juste la pareille de celle-ci, avait cassé. On mit un canot dehors, nous ne le retrouvâmes plus. Ainsi donc, méfiez-vous toujours d'une poulie qui crie et d'une femme qui se tait. Graissez la poulie et battez la femme, voilà le remède !

— Bon ! interrompit Prigent, c'est dans la romance, et il entonna vaillamment :

C'est la fille au calfat !
Ah

. . . .

Un tel début promettait, on en conviendra ; l'à-propos, la nature du sujet, la richesse de la rime, la profondeur de la pensée, aurait dû séduire l'auditoire ; mais voyez l'injustice des hommes, tous les gens de quart s'écrièrent avec feu :

— L'histoire ! l'histoire ! A bas le chanteur !

Et le chanteur se tut.

« — Non ! il n'avait pas fini de rire, continua aussitôt Madurec, car il vit sur l'avant un gros trois-mâts anglais tout chargé de toile et qui ne marchait pas mieux que la montre à Biniou. »

— Mais je n'ai pas de montre, moi, dit le novice.

» — Ça veut donc dire que le trois-mâts ne marchait ni peu ni beaucoup. Pierre Capucin monte à l'abordage, prend la marchandise sans oublier la provision de tafia et continue à courir bon bord. Mais il ne savait plus où rentrer, depuis que le dey voulait lui faire de la peine.

» Tant il navigua, tant il navigua, que sa tartane était pourrie comme un vieux bouchon et tamisait l'eau comme une éponge. Il pensait à passer sur le premier navire, qu'il enlèverait au lieu de tout brûler à sa mode ordinaire, mais l'équipage avait envie de retourner à Alger. On se révolte contre lui, il tâche de calmer son monde, promet tout ce qu'on veut; au bout du compte, il est forcé de mettre le cap sur a côte

» — Il se disait pourtant : — Me voici mal calé. En tout pays je suis connu comme voleur, assassin, pirate, scélérat, quoi! N'importe où j'irai, on me fera passer un vilain quart d'heure. Ici on m'empalera, en France on me couperait le cou, en Angleterre on me pendrait, en Espagne on me trésillonnerait, en Italie on m'écartelerait. Grand diable d'enfer, tire-moi de là si tu peux !

» — As-tu confiance en moi ? lui répond la poulie.

» — Eh bien oui ! dit Capucin.

» — Jette-toi à l'eau tête baissée.

» — Après tout, pensa Capucin, ce qui peut m'arriver de pire, c'est de me noyer. Noyé pour empalé, je m'en moque !

» Alors comme les maisons blanches d'Alger commençaient à sortir de l'eau sur l'avant de la tartane, Pierre Capucin dit à son équipage d'aller au dey, mais que pour sa part il allait au diable.

» Et, au même moment, il pique une tête dans la mer ; ses forbans ne le revirent plus. »

Madurec en était là quand la cloche du bord piqua minuit, les babordais répondirent à l'appel et allèrent se coucher :

— Bien sûr ! bien sûr ! il ne s'est pas noyé cette fois là, dit en descendant le novice Biniou, sans quoi il n'aurait pas été timonnier avec le pilote Ar-Braz, et n'aurait pas trouvé fond de pièces de six francs dans les passes de Brest.

— Biniou, mon garçon, répondit Prigent qui se

glissait en bas par le même panneau, tu as trop d'esprit... tu deviendras ministre de la marine.

Le surlendemain, Auguste et moi ne manquâmes pas de nous retrouver à notre poste, lorsque Madurec reprit son récit dans les termes suivants :

« — Il y a des capitaines qui n'ont de goût que pour les brigands fieffés. Suffit d'être une mauvaise pratique pour avoir des permissions de terre et du bon temps, en veux-tu? en voilà! pendant que les vieux de la cale, les bons matelots bourlinguent à bord comme des misérables. C'est ce qui fait qu'à peine au mouillage, Pierre Capucin descendit à Brest par le premier canot avec les officiers... »

Je me tournai tristement vers Auguste :

—Nous avons perdu le milieu de l'histoire, lui dis-je.

— Je le craignais, me répondit-il. Hier, pendant le quart de minuit à quatre heures du matin, Madurec en aura conté quelques bons chapitres.

Si mon camarade ne se servit pas du mot feuilleton, c'est uniquement parce qu'en l'an 1833, les journaux se gardaient encore de mêler le grave au doux, le plaisant au sévère. Nous naviguions d'ailleurs sous le tropique du Capricorne.

Par bonheur, nous n'étions pas les seuls à qui manquât le numéro de la veille, cinq ou six voix s'élevèrent autour du narrateur.

— Père Madurec, disait Gimblard, j'ai fait le dernier quart dans la grand'hune, je ne sais pas comment Pierre Capucin se sortit de l'eau.

— Ni moi!

— Ni moi!

— Ni moi!

— J'étais de faction à la mèche.

— J'étais à la barre.

— J'étais de veille au bossoir, ajoutèrent bruyamment les autres.

— Et moi, leur dit Madurec, je ne recommence jamais la même histoire; mais si quelqu'un de ceux-ci veut arrimer en trois mots ce que j'ai dit hier, ça m'est égal, je fumerai tranquillement ma pipe en attendant.

III

Simple analyse

Un tumulte général accueillit la motion conciliante du conteur; les uns réclamaient la suite, les autres, plus charitables, votaient pour que les absents de la veille fussent mis au courant.

Ces derniers l'emportèrent.

Quand on fut ainsi d'accord sur la question préalable, personne ne se sentit de force à résumer convenablement les discours du maître rhéteur.

Prigent, interpellé, se récusa :

— Je chanterai tout ce que vous voudrez, dit-il, mais pour ce qui est de la platine, je n'y connais rien.

— Parisien! Parisien! tu étais là l'autre nuit; allons, montre tes talents, crièrent quelques curieux.

— Messieurs, l'art de narrer n'est pas ma partie, dit le modeste Parisien, je déclame comme feu Talma; vous connaissez ma spécialité, voulez-vous la tirade de Théramène dans la tragédie de *Polyeugue*, par Monsieur de Voltaire, un fameux :

Au pied du mont *Adèle*.....

· Le Parisien faillit être sifflé ; mais, grâce à sa présence d'esprit, et par l'effet d'une habile transition, il obtint un vrai triomphe.

— Messieurs, s'écria-t-il, je propose que Biniou nous distille la chose.

Un rire homérique s'empara de l'assemblée ; Biniou fut poussé au milieu du cercle, l'ingénieux Parisien applaudi à outrance.

Bon gré mal gré, le novice se vit donc obligé d'analyser à ses anciens toute la seconde partie des aventures de Pierre Capucin le timonnier. A chaque instant on l'interrompait : tantôt il omettait un détail précieux, tantôt il péchait contre la plastique du conte matelot. Malheur à lui s'il commettait une hérésie maritime ; les lazzis pleuvaient sur le pauvre hère ; cependant il ne s'en tira pas trop mal pour un conscrit.

Nous sûmes ainsi, Auguste et moi, que le diable, sous la forme d'un marsouin sellé et bridé, se chargea de Pierre Capucin, qui mit pied à terre en Provence et gagna l'intérieur des terres, où, tour à tour vitrier, saltimbanque et soldat, il eut foule d'aventures plus ou moins grotesques et tragiques. Trois fois il fit fortune, roula carrosse, et fut comblé d'honneurs et de dignités; trois fois il fut au moment d'être exécuté pour ses méfaits. Son puissant protecteur le tira toujours d'affaire.

Pierre Capucin songeait cependant avec regret à ses navigations passées.

Un jour, sur le Pont-Neuf, il regardait couler la Seine en soupirant; il se trouvait, on doit le dire, réduit aux derniers expédients; aussi se lamentait-il en termes fort énergiques.

— Ah ! pensait-il, si je savais qu'on m'eût oublié sur les bords de la mer, et qu'on ne me pendît pas au bout de la première vergue venue, comme je filerais de Paris grand largue et tout dehors! Quand il me faudrait n'être que simple matelot pendant trois ans, j'irais me rembarquer tout de suite. A bord, on a toujours du biscuit sur la planche et un hamac entre deux crocs!

Un sergent de ville qui passait par là lui répond :

— Tu es effacé des rôles; on te croit mort, mon fils, rembarque-toi quand tu voudras.

Pierre Capucin reconnaît la voix du grand diable :

— Merci, dit-il, je me rembarque.

Là-dessus, il se rendit à Brest, et voilà comment il fit campagne avec le pilote Ar-Braz.

L'infortune Biniou en était là quand il fut interrompu par un hourra de clameurs :

— Merci, qui? Merci, quoi? s'écriaient les matelots.

— Ah ! c'est vrai, reprit le novice; Pierre Capucin dit au diable : — Merci, *Cousin*.

Madurec, la veille, avait longuement insisté sur cette circonstance, aussi les habitués jugeaient-ils que c'était là le nœud de l'histoire.

— S'il avait dit : mon oncle, ma tante, mon frère, mon matelot, ou autrement, s'écriaient les rectificateurs, sais-tu ce qui serais arrivé ?

— Ma foi, non, dit tranquillement Biniou; mais je sais que jamais on n'a trouvé pièce de monnaie pareille à celle qu'il avait pêchée du fond de la mer. On y voyait d'un bord le portrait du diable en grande tenue, et de l'autre il y avait écrit : — *Madame Satan-Première, reine du royaume et des colonies de l'Enfer.*

— Allons! Biniou, je suis content de toi, dit le maître conteur; maintenant, tu as permission de fermer ton bec.

Les plus bruyants interrupteurs ayant usé du même privilège, Madurec reprit la parole.

IV

Une promenade à terre

« — Voici donc, enfants, dit Madurec, voici notre brigand de timonnier qui descendait à terre avec le canot-major, tout seul de l'équipage, hormis pourtant le pilote Ar-Braz, qui était un saint fini, un saint aussi saint que Pierre Capucin était renégat et sac-à-diable.

» Tant qu'ils furent dans l'embarcation, ils ne se dirent rien par rapport aux officiers ; mais une fois à terre, le pilote frappe sur l'épaule du timonnier :

» — Toi, dit-il qu'il dit, tu files un mauvais nœud ; je ne sais pas ce que tu as fait dans ton jeune temps, mais j'ai l'œil américain, vois-tu, et je juge le fond d'un homme comme je lis le fond de la mer.

« — Merci, maître Ar-Braz ! dit Capucin en riant,

si c'est là tout ce que vous avez à me conter, que le diable vous remorque! Allez de votre bord, je vas du mien.

» — Que le bon Dieu te garde! mon garçon, fit le pilote. Je ne crains pas le diable, je suis trop bon chrétien pour ça.

» Ar-Braz était un vieux tout blanc, tout blanc!... Capucin, lui, avait la barbe noire comme une soute à charbon... Et pourtant il a encore le cœur de se moquer de l'ancien.

» — Ce que tu fais là n'est pas bien fait, lui dit Ar-Braz sans se fâcher, mais je ne te quitterai pas sans te donner un conseil de père : — Voici trois ans que tu te damnes à bord ; tu es un païen ; tu n'as à la bouche que des mots de malheur ; tu te vantes de connaître le diable, d'être son cousin et le reste. Celui qui croit tant au diable, doit croire un peu au bon Dieu ; rappelle-toi le commencement du *Pater*, que ta mère t'apprenait quand tu étais petit... tu as une mère, hein ?

» — Ça se pourrait, dit Capucin.

» — Pour lors, tu vas réciter la prière.

» Pierre Capucin fait une mine terrible, mais il ne pouvait s'empêcher d'obéir au vieil Ar-Braz, c'était plus fort que sa volonté ; il commence donc, bien malgre lui :

» — *Notre Père qui êtes aux cieux...*

» Au même moment il sent quelque chose qui le brûlait à la ceinture comme un fer rouge...

» C'était, vous devinez, la pièce d'argent de l'enfer qu'il avait en poche.

» Et ça le brûlait si fort, qu'il ne fait ni deux ni un, il se jette à l'eau en bloc et nage droit à Recouvrance, de l'autre côté du port.

» Quand il fut là, la pièce ne chauffait plus ; il s'asseoit sur le quai pour compter son argent : il avait trois écus de cinq francs, un peu de monnaie blanche, une douzaine de sous, et puis la grosse brûlarde qui lui donnait des idées.

» — Ah ! se dit-il, si je savais où en trouver d'autres pareilles !

» — Au fond de la mer, répond la pièce.

» — Tiens ! tiens ! mon cousin, vous êtes là-dedans ?

» — Je suis où je veux. Appelle-moi ta *cousine* ; n'as-tu pas lu que mon nom est madame Satan ?

» — Bon ! Eh bien ! cousine, me direz-vous alors pourquoi vous m'avez si bien brûlé tout à l'heure ?

» — Si tu le demandes encore, je vas te brûler quinze fois plus.

» — Excusez! dit Capucin, je suis assez échaudé comme ça. Parlons d'autre chose. Et à cette heure, cousine, apprenez-moi ma route pour aller au fond de la mer, à l'endroit où se ramassent ces belles grosses pièces.

» — Navigue droit devant toi!

» Pierre Capucin veut remettre le grand diable dans sa ceinture ; mais voilà qu'en place de la piastre d'enfer, il ne trouve plus rien, hormis un peu de tabac à fumer.

» Pas gêné, il bourre sa pipe avec et l'allume en disant :

» — Ça se retrouvera!

» Et il passe sous la porte de la ville.

» En dehors de la porte se tenait en faction une vieille vieille, qui demandait la charité.

» — Monsieur le marin, dit-elle, donnez-moi un sou pour l'amour de Dieu.

» Capucin était bien brigand, c'est connu ; mais il était matelot. Voilà qu'il tire un sou de sa poche et le jette à la pauvresse.

» Du coup, sa pipe lui éclate entre les dents comme

une grenade, et manque de lui crever les yeux. Il vit dans la fumée le grand diable qui lui faisait la grimace.

» Pensez, les mignons, que celui qui donne seulement un sou pour l'amour de Dieu à un pauvre, fait plus de misère au diable que s'il lui retournait la basane de bout en bout comme à une anguille de roche.

» Mais Capucin, voyant sa pipe en morceaux, une vieille pipe finement culottée, se mit à renier si fort que le diable fut content.

» — Jésus Seigneur ! *Va Doué ! va Doué !* dit la mendiante, si mon fils Petit-Pierre n'avait pas été pendu à Alger, je croirais que c'est celui-ci, tant il jure bien !

» Et plus l'autre se damnait, plus elle le regardait de tous les bords, et la larme commençait de lui pendre à l'œil.

» Elle avait envie de se jeter à son cou.

» Mais comme elle savait l'habitude de son Petit-Pierre, qui commençait plus souvent la conversation par un coup de poing que par un compliment de troubadour, elle se retient et lui dit tant seulement :

» — Monsieur le marin, monsieur le marin, ne vous sauvez pas si vite, j'ai quelque chose à vous demander.

» — Je t'ai donné plus que tu ne vaux, répond Pierre Capucin.

» Mais parlant de même il se tourne en grand, moyennant quoi la vieille lui voit les deux oreilles à la fois; il y en avait une d'un bon pouce plus courte que l'autre.

» Cette fois, elle n'y tient plus, et prend le Mathurin par le coin de son paletot en criant :

» — Tu es mon fils! mon vrai fils! mon Petit-Pierre! mon enfant que je croyais pendu!... Je t'ai tant pleuré, tant pleuré! Regarde-moi bien et reconnais-moi, au nom du bon Dieu!

» Pierre Capucin était un brigand, c'est connu! mais il était matelot. Au lieu d'envoyer un pare-à-virer à la bonne femme, il lui capelle les bras au coù et l'embrasse comme pain blanc.

» — Ah! Capucin! Capucin! dit un gendarme qui sortait de Recouvrance, tu commences par réciter ton *Pater*; tu fais la charité pour l'amour de Celui que je ne veux pas dire, et encore tu reconnais ta mère quand elle t'appelle au nom de cet Autre de là-haut que je ne dirai pas! Capucin! Capucin! nous allons voir lequel est le plus malin de toi-z-ou moi.

» Il va sans dire que ce gendarme-là, c'était madame Satan.

» Comme de juste et de raison, le diable n'a pas permission de s'habiller en honnête homme, mais en n'importe quoi : en gendarme, en poulie, en marsouin, en sergent de ville, en tabac à fumer, en commissaire ou en femme, tant qu'il veut.

» Un vieux, un brave, un vrai fini, comme Prigent, mon matelot, supposition ! serait demeuré trois heures avec sa bonne femme de mère. Il lui aurait payé la goutte et donné ses écus de cent sous, en gardant seulement de quoi pour s'acheter du fil, du tabac et du savon. C'est sûr, hein?... Mais Pierre Capucin, lui, ne reste qu'un petit quart d'heure, et ne donne à la vieille que la moitié de ses argents.

» Après ça, dit-il qu'il dit : — Je suis pressé, portez-vous bien, je file mon nœud !

» Il n'avait pourtant pas manqué d'avertir sa mère de ne jamais parler de lui, parce qu'on l'aurait pu reprendre de justice.

» — A cette heure, dit-il, on m'appelle Capucin, à cause de ma barbe; il n'y a plus de Petit-Pierre. Attention de ne pas me dénoncer.

» — Te dénoncer ! Dieu m'en garde, dit la bonne femme; bien au contraire, je vais faire un vœu à sainte Anne pour qu'il ne t'arrive pas malheur.

» Madame Satan était bien à trois encâblures de là, mais personne n'a l'oreille si fine que le grand diable, pas même un pilote d'Ouessant. En entendant la vieille, elle vous fait une grimace pire que Biniou tout à l'heure, quand Prigent l'a-t-envoyé ici, au milieu de nous.

» — Petit-Pierre, mon garçon, dit encore la bonne femme, défie-toi bien des gendarmes, surtout... Celui qui passait là tout à l'heure te regardait en dessous...

» — Bon ! dit Capucin, on croirait que je suis un conscrit.

» En disant ça, il dérape. Mais la vieille vieille avait ses idées, et sans faire semblant de rien, voilà qu'elle met son chapelet béni dans la poche de Pierre. Elle prend ses béquilles et appareille pour Sainte-Anne-du-Porzic.

» Il y a des choses, mes petits cœurs, que le diable n'a pas permission de voir, de manière qu'il n'eut aucune connaissance du chapelet.

» C'est le cas de dire comme l'empereur Napoléon à l'impératrice Joséphine :

» — Quand je vis qu'elle voyait que je voyais qu'elle ne me voyait point, je me dis : — Voyons voir un peu pour voir si elle me verra ! »

Madurec, après cet agréable non-sens qui obtint un succès mérité, se fit apporter par Biniou une corne d'eau, but, rendit au novice la corne évidée qui servait de verre commun à tout l'équipage, et continua comme il suit :

» — Pour lors, donc, il y avait sur la route madame Satan, ou, si tu aimes mieux, le gendarme, qui allait devant tout doucement ; après ça, Capucin, qui étant pressé filait de toute sa force, et ensuite la pauvresse, qui souquait tant qu'elle pouvait ; mais elle n'allait pas vite, vu qu'elle avait pour le moins quatre-vingt-dix-sept ans passés et qu'elle était toute boiteuse.

» Sitôt que Capucin est par le travers du gendarme :

» — Où vas-tu si vite ? dit le grand diable.

» — Tiens ! je me promène avec la permission· de mon commandant ; je suis en règle ; vous n'avez rien à y voir.

» — Tu te trompes ; c'est justement moi que ça regarde. Tu vas à la pointe Mathieu, et de là tu veux descendre au fond de la mer.

» — Ah ! pardon excuse, ma cousine ! répond Pierre Capucin, je ne vous remettais pas.

» — Il n'y a pas d'offense, répond le diable ; appelle-moi ton oncle, et faisons route ensemble.

» — Eh bien ! mon oncle, vous me ferez donc trouver toutes sortes de richesses sous la mer ?

» — Ca se pourra, mon fils, dit l'autre ; nous en causerons quand il sera temps.

» En voyant son Petit-Pierre qui naviguait de conserve avec un gendarme, la bonne vieille pauvresse se signa ; elle avait grand'peur.

» Le pilote Ar-Braz venait par-derrière elle dans ce moment-là :

» — Où allez-vous donc, madame ? dit-il.

» — Je vais en pèlerinage à Sainte-Anne, maître Ar-Braz, pour faire un vœu.

» La mendiante connaissait tout le monde du pays, et particulièrement les vieux marins, par la raison qu'elle avait été hôtesse dans son jeune temps.

» — Moi de même, lui dit Ar-Braz ; en trouvant dehors la brume de cette nuit, j'ai promis un cierge à sainte Anne, si par bonheur il nous venait une éclaircie au vent des Pierres-Noires. Nous irons de compagnie, si ça vous plaît.

» — Vous êtes bien honnête, tout de même, répond

la vieille, mais vous allez fort, vous... vous êtes jeune...

» — J'ai mes soixante-trois ans passés. dit le pilote.

» — Eh bien! c'est ce que je disais; vous êtes au fort de l'âge, et vous avez de bonnes jambes, au lieu que moi...

» — On vous portera un morceau de chemin, dit Ar-Braz.

» Et comme c'était un ancien, un matelot soigné, en parlant de même, il charge la bonne femme sur ses épaules, et ils vous prolongent leur bordée bien dévotement jusqu'à Sainte-Anne.

» Pendant ce temps-là, Pierre Capucin et le grand diable filaient comme des tonnerres à la voile.

» — Vous allez bien vite, mon oncle, dit le timonnier.

» — J'ai mes raisons, répond le diable, mais regarde-moi un peu.

» Pierre Capucin, en place du gendarme, voit une dame tout habillée d'or, d'argent et de falbalas avec des pierreries précieuses couleur de feu sur tout son gréement, mais laide et vieille à faire cuire les yeux.

» — Vous avez là, ma tante, un superbe bazar, foi

de matelot, dit Capucin. Si c'est au fond de la mer que ça se ramasse, allons toujours!

» Madame Satan était contente de ce que Capucin, de lui-même, l'appelait sa tante, et elle riait en dessous, vu qu'elle avait son plan. Vous saurez pourquoi.

» Voilà qui va bien!

» Ils traversent Saint-Pierre-Quilbignon et le bourg de la Trinité, laissant sur tribord Loc-Maria Plouzané et le manoir de *Kervasdoué*, ce qui veut dire, en breton : *l'endroit du bâton du Bon-Dieu*. Vous pensez que le diable n'a rien à voir à ce logis-là.

» Mais ils n'avaient pas couru deux milles, qu'en place de la vieille dame se trouve un commissaire en grande tenue.

» — A cette heure, appelle-moi ton frère, commande M. Satan.

» — Ah çà, dit Capucin, allez-vous bientôt finir vos mascarades! Savez-vous que tous ces noms-là me jugulent! Faut que j'appelle un gendarme mon oncle et un commissaire mon frère!..... je perds patience, moi, je n'en suis plus.

» Le diable prend son air doux, comme un commissaire qui décompte un livret, quand un matelot lui fait une réclamation.

» — Mon fils, dit-il, cinq et cinq font dix, pose zéro et retiens tout. Je sais mes calculs aussi bien qu'au bureau des revues. Si tu ne veux pas, tu es libre. Je vais te replanter sur le minaret d'Alger, ou t'envoyer au fond de l'eau devant l'entrée, ou bien à cette potence où voulaient te guinder les paysans de Marseille; ou bien dans la prison de Lyon, pour qu'on te coupe le cou demain; ou, si tu aimes mieux, je vas te rapporter à la minute à la tour du Faucheux, où tu étais à même de crever de faim et de soif; je te remettrai, si tu y tiens, sur le Pont-Neuf, toi et ton gros caillou que tu allais t'amarrer en cravate. Tu as le choix... Ne te gêne pas... Mais, pour ce qui est de cueillir de belles piastres, de bonnes onces d'or et des rubis sous la mer... je me garderai bien de t'y forcer.

» — Frère, dit Capucin, ne perdons pas notre temps à dire des bêtises.

» — C'est bien, mon fils, je te reconnais pour mon sang, répond l'autre en changeant de couleur encore une fois.

» Et il vous prend l'air d'une jolie brunette, plus gentille que les amours : de belles petites joues roses comme une pêche; un nez retroussé, mignon mignon; des dents rangées mieux que nos canons ici, à bord de *la Cibiade;* des lèvres rouges de cerise, et des yeux, matelots! As-tu jamais vu le fort d'Ouessant? il ne brille pas moitié de même. Pas besoin de dire qu'elle avait des cheveux si noirs et si bien relevés en tresses sur tous les bords, qu'ils cachaient les cornes du diable.

» — Je vous aime mieux comme ça, dit Capucin.

» — Tant mieux, mon fils, car c'est là ma forme pour de bon, le reste était pour rire.

» — Et comment faut-il vous appeler à cette heure? Ma sœur, ça vous va-t-il?

» — Non, dit le diable, c'est trop commun!

» — Dam! si vous étiez un homme, je saurais.

» — Eh bien?

» — Je vous appellerais mon matelot.

» — C'est assez pour le quart d'heure, je suis madame Satan, ta matelotte.

» Elle voulait bien quelque chose de plus, mais le moment n'était pas encore propice.

» Capucin commençait à trouver ce diable-là de son goût. »

V

Divers commentaires

Madurec se tut de nouveau, autant pour prendre haleine que pour juger de l'effet produit sur son auditoire.

— Tiens! dit Prigent, je crois bien, il n'était pas si bête; un diable gréé de même, c'est divertissant. Ça me rappelle que j'en ai vu un dans ce genre au grand théâtre de Bordeaux.

— Biniou, demanda le Parisien, je tiens à ton avis, que penses-tu de tout ceci?

— Je pense, répondit le novice breton, que Madurec a l'idée qu'il faut encore plus se méfier des jolies petites brunettes que des poulies d'amure, des gendarmes, des vieilles dames et des commissaires.

— Biniou, je te l'ai prédit l'autre soir, tu passeras ministre de la marine... C'est sûr! s'écria Prigent.

— Jeune Biniou, ajouta gravement le Parisien, votre perspicacité vous présage un brillant avenir.

— Où va-t-il donc pêcher ses mots, ce **Parisien**-là? s'écrièrent Gimblard et compagnie.

Un grain, qui se leva tout à coup, obligea les gens de quart à courir vite aux postes de manœuvre. Madurec sauta sur la drisse de grand perroquet. — Bref, pendant une demi-heure, la narration fut interrompue.

Auguste et moi, nous allâmes nous mettre à l'abri sous le petit gaillard-d'avant en attendant la fin de l'ondée. Mon ami admirait franchement la verve de Madurec.

Le lecteur partagera-t-il cette opinion favorable? Je le souhaite vivement, car plus j'avance dans ce récit du gaillard-d'avant, plus je m'aperçois des difficultés de ma tâche. Tantôt je crains qu'on m'impute à blâme les excentricités fantastiques de mon auteur, tantôt je redoute que ses expressions triviales ou maritimes choquent ou semblent obscures; et pourtant, sauf quelques termes par trop énergiques, je n'ose rien changer; autant vaudrait, selon moi, abandonner la partie.

Ah! pourquoi me suis-je laissé entraîner à prendre la nature sur le fait, quand il m'eût été si facile, le même titre étant donné, de peindre les merveilles de la création sous-marine, les coraux, les madrépores, les algues, les sables et les coquillages : ou bien encore de raconter quelque grand cataclysme, comme l'engloutissement romanesque de la ville d'Is, dont on voit encore les clochers dans la baie de Douarnénez, la disparition des îles Saint-Brandan et des Sept-Cités, qui occupèrent tous les géographes du moyen âge, les révolutions volcaniques de l'Océan. — Certes, les sujets ne manquaient pas. L'histoire de quelque naufrage célèbre, ou celle d'un plongeur fameux, donnant ses rendez-vous de fiancé sous une cloche de sauvetage, m'auraient permis d'être dramatique ou sentimental fort à mon aise.

Mais non ! le sort en est jeté : le grain passe, les matelots reviennent s'asseoir sur le pont humide de notre brig ; — Auguste a trouvé le conte original, il partagera largement ma responsabilité d'éditeur : — j'irai jusqu'au bout et même plus loin. Peut-on en rester au fond de la mer?

VI

Tentation de Pierre Capucin

Après le grain, chacun reprit sa place autour du conteur, qui continua comme il suit :

« — A cette heure, matelots, je vas vous dire pourquoi madame Satan Ire, reine du royaume et des colonies de l'enfer, n'avait pas tordu le cou à Pierre Capucin le renégat ; car vous pensez en vous-même que le grand diable était bien bon enfant de perdre son temps avec un homme pareil, qui avait fait plus de péchés à lui seul qu'il n'en faudrait pour damner les équipages de vingt vaisseaux à trois ponts.

» Passe pour tenter un saint Antoine, un saint Houardon que vous dites, mais un Pierre Capucin, un pirate, un banian, un paria, un gibier de grand'vergue ; c'était bien la peine !

» Attention ! attention ! Ne faut pas oublier, mes petits, que la mère à Capucin, la vieille vieille, était une sainte premier brin, une bonne hôtesse qui avait le cœur sur la main, la veuve d'un second maître de manœuvre tué dans un combat contre l'Anglais.

» Le même jour qu'elle apprit la mort de son mari, elle eut justement un garçon, et sitôt elle commence de prier matin et soir pour son petit Petit-Pierre.

» Elle le fait baptiser à l'église de Recouvrance, et en sortant :

» — Je promets, dit elle, de donner ma maison, ma boutique et tout ce que j'ai aux pauvres et de me faire pauvresse moi-même, et encore de porter à sainte Anne toutes les aumônes qu'on me fera sans mettre un liard de côté, hormis pour acheter une demi-livre de pain noir chaque jour, à condition que mon Petit-Pierre sera sauvé du diable d'enfer et qu'il entrera en paradis.

» Le diable, pour le quart d'heure, était à fumer sa bouffarde hors des portes de la ville ; il entend ça et attrape à jurer comme un possédé qu'il est, en disant :

» — Nous verrons !

» D'abord, il ne manqua pas de tâcher de faire manquer la pauvresse à son vœu ; il lui mettait des cuisses de poulet rôti dans les poches ; il se déguisait pour lui offrir la goutte ; il lui donnait de l'argent

blanc ; il lui envoya un prince qui la demanda en mariage, et qui dit dit-il :

» — Je ferai ton fils Petit-Pierre, roi d'un pays de
richesses, et tout !...

» Mais la bonne femme distribuait ses cuisses de
poulet aux autres pauvresses ; elle ne buvait que de
l'eau, ne gardait jamais que six liards pour avoir son
pain de munition, et donnait le reste pour l'amour de
Dieu et le salut de Petit-Pierre.

» Quand vint le prince, elle voit la couleur, et les-
tement lui capelle son chapelet béni autour du cou.

» Le diable se met à chigner comme un mousse ; il
il criait, il criait :

» — Larguez-moi, ma bonne dame, je ne vous ap-
procherai plus, je le promets, parole de Satan !

» — Plus souvent ! mauvais sujet, dit l'ancienne
hôtesse, je me connais en carrotiers. Nous allons mettre
la chose en écrit, et tu vas signer que tu ne fera plus
de misères ni à la mère à Petit-Pierre, ni à son fils, et
tu signeras tout de ton nom au-dessous de ma croix de
Dieu. Il faut se méfier des notaires de ton régiment.

» Vois-tu, les autres, le chapelet de la bonne femme
trésillonnait le cou du diable, et le brûlait vif comme

si on l'avait trempé dans un seau de goudron fondu.

» Il coupe bien vite un morceau de sa culotte de peau, et avec son ongle il écrit dessus tout ce que voulait la vieille.

» Alors elle lui ôta le collier.

» — Pardon, excuse, madame, dit le diable, j'ai commencé par signer, histoire de me dégager ; mais ça ne veut rien dire rapport à votre fils. Il est clair que je ne pourrai pas lui faire de misères, le tuer, ni emporter son âme, mais je puis le tenter à mon aise, c'est mon service d'ailleurs ; ni vous ni moi ne pouvons rien contre cette ordonnance.

» — Mais à quoi bon le tenter, demanda la sainte, puisque tu ne pourras ni le tuer, ni emporter son âme ?

» — C'est mon secret, dit l'autre en s'en allant.

» De ce moment, le diable laissa la bonne femme en repos, mais il s'en revengeait sur Petit-Pierre. Il le fit déserter de la maison du curé, il l'emmena au large, il lui fit faire tous les métiers ; mais toutes fois et quantes Petit-Pierre allait périr, le diable était bien forcé de le tirer de passe, vu qu'il n'aurait pas pu emporter son âme après l'écrit qu'il avait signé.

» Maintenant que vous comprenez bien la chose, je m'en vas retourner à la pointe Saint-Mathieu, où madame Satan était mignonnement assise à côté de Pierre Capucin, et lui faisait des yeux d'amoureuse.

» La mer était à leurs pieds, à cinquante brasses au-dessous d'eux.

» — Matelot, mon fils, dit la brunette, tu n'as qu'à descendre avec moi maintenant, nous entrerons dans l'eau, tu verras mes richesses.

» — Les voir, dit Capucin, je n'y tiens pas, mais les ramasser et les garder tant que je vivrai, voilà ce que je veux ou rien du tout.

» La brunette cajolait et agaçait son Pierre Capucin.

» — Viens toujours, mon petit, quand tu auras bien regardé, nous ferons notre marché, la vue n'en coûte rien.

» Si Capucin n'avait pas eu dans la poche le chapelet béni de sa bonne femme de mère, il n'aurait pas fait tant façons avec une pareille jolie diablesse; mais toutes les finesses de madame Satan n'aboutissaient à rien. Pour la première fois de sa vie il se défiait, sans savoir au juste par quelle raison.

» Il pensait un petit peu à maître Ar-Braz, un peu plus à sa mère, et beaucoup plus à sa dernière brûlure.

» Le diable, qui lisait bien les mauvaises pensées

de Capucin, n'avait aucune idée des bonnes. Seulement, malgré les maisons, les arbres et la terre, il
voyait de loin le pilote et la bonne femme qui étaient
tout proche d'entrer à Saint-Anne-du-Porzic, et ça le
tourmentait drôlement.

» — Je te croyais plus galant, matelot, qu'il dit; tu
laisseras donc *ta matelotte* aller toute seule?

» — Tu connais le chemin, pas vrai? dit Capucin,
tu n'as pas besoin de moi. Avec toutes tes belles fichues
promesses, tu m'as embarbouillé. Me voici à six grandes
lieues de Brest, je manquerai à l'appel ce soir, le commandant me consignera, le capitaine d'armes me mettra
aux fers, j'aurai mon vin au croc...

» — Capucin, mon fils, je te croyais un homme, un
matelot, dit la brunette en faisant sa fière; à présent
je vois que tu n'es qu'un capon, tu as peur.

» — Moi!... peur!... dit Capucun; j'irais au fond
de l'enfer, et je me moque de toi et de tes cornes.

» — Des cornes, mon fils chéri, dit l'autre bien
gentiment, où en vois-tu?

» En même temps elle lui donnait à manier ses grands
beaux cheveux noirs, mieux cirés qu'une giberne de la
ligne.

» Capucin ne peut pas se retenir de crocher dedans;

c'était plus doux que cachemire de l'Inde, et à mesure qu'il les paumoyait, les cheveux donnaient du mou; ils s'allongeaient, s'allongeaient, s'allongeaient jusqu'à toucher la mer à cinquante brasses en dessous de la roche où ils étaient assis.

» — Affale toi par là. matelot, dit madame Satan.

» Capucin trouve la farce cocasse; il prend à bras le corps le gréement de la brunette et se laisse glisser en bas.

» Quand il releva la tête, il ne vit plus personne en haut, madame Satan s'était affalée de même, elle était bord à bord de lui. Elle se met à rire, lui prend la main et attrape à courir sous l'eau.

» Ce qu'il y a de plus rare, c'est qu'au fond de la mer, ils y voyaient et parlaient tout comme à terre.

» Capucin commençait à y prendre goût. Ils marchaient sur du sable fin tout reluisant; à chaque instant madame Satan se baissait, grattait un peu et en dessous elle ramassait des poignées de grosses pièces d'or ou d'argent et des diamants gros comme des œufs.

» — En veux-tu, mon fils? disait-elle.

» — Ça me va, faisait Capucin.

» Et allez donc! Il en remplissait les poches de son paletot.

» Ils arrivent de même au bas des Pierres-Noires. En regardant à pic sur sa tête, Capucin voyait des navires et des barques qui passaient.

» Ça l'amusait; ça m'aurait bien amusé aussi!

» Pour lors, la brunette lui montre une grande maugère en cuir rouge comme une porte cochère dans les roches.

» — Vois-tu ça, dit-elle, c'est par là qu'on entre chez moi. Ce que je t'ai montré sur notre route n'est rien de rien, c'est comme ronces, chardons, aloès, épines, cierges piquants, pures bêtisailles! Mais ici tu n'auras qu'à dire, tu trouveras des royaumes, des îles, des navires, des régiments de cavalerie, des négresses, des sauvagesses du brin premier-choix, et des caissons pleins de richesses de toutes sortes.

» D'une main elle levait un peu le coin de la maugère, de l'autre elle halait Pierre Capucin, qui suivait toujours.

» Par-dessous les Pierres-Noires il vit un Louvre en feu d'artifice; ça éblouissait comme trente-six milliasses de soleils. Les yeux de Capucin n'étaient pas assez grands pour regarder. Il s'y trouvait des cocotiers en perles fines, et aux branches pendaient des saucisses et des jambons de Bayonne, et là dedans ça avait odeur de la cuisine de l'état-major un jour de gala.

» Capucin rencontrait des sauvagesses de toutes couleurs qui lui offraient des petits verres de croc, et qui dansaient la cachucha comme à Barcelone, en lui envoyant des compliments à la mode de Cadix.

» Et il y avait des rangées de diables mignons, en grande tenue d'amiraux et de capitaines de vaisseau, qui présentaient les armes à Pierre Capucin à mesure qu'il se promenait.

» Et ils finissent par entrer dans la chambre de madame Satan; par la fenêtre, ils voyaient danser, et ils entendaient une musique dont tu n'as pas d'idée; — as-tu été au grand Opéra de Paris?

» — Non; — ni moi non plus; mais je m'en moque. C'était cinquante mille fois plus beau qu'au grand Opéra.

» Donc, Capucin et madame Satan étaient assis sans gêne sur un divan rembourré en plumes de colibri. Tu peux aller au bazar de Smyrne et chercher le pareil... tu ne l'y trouveras pas. Pierre Capucin demande une pipe, l'autre lui passe un cigare de la Havane qui valait bien une once d'or pour le moins.

» Voilà qui va bien.

» — Tout ce que tu vois est à toi, dit madame Satan,

si tu veux faire ce que je te dirai; voici le bon moment.

» — Et si je ne veux pas? répond Capucin qui se
méfiait toujours un peu, quoiqu'il eût bu la goutte
plus de quatre fois.

» Mais Capucin portait bien la voile, il était calme
comme un homme à jeun.

» — Cette question ! dit madame Satan, tu voudras
sûrement... Je te demanderai si peu de chose !

» — Doucement ! madame Satan !... Encore une
fois, si je ne veux pas, que me feras-tu ?

» — Promets-moi de ne pas refuser ce que je te demanderai, tu seras le maître de tout.

» — Bon ! bon ! vous parlez comme un commissaire.
Encore une fois, je vous demande : Que me ferez-
vous, si je ne veux pas?

» Capucin était Breton et plus entêté que le diable;
il fallut bien qu'elle s'expliquât.

» — Mon fils, dit-elle, ça me ferait bien du chagrin;
mais je serais forcée de te replanter sur le minaret
d'Alger, ou de t'envoyer au fond de l'eau devant l'entrée, ou bien à cette potence où voulaient te guinder
les paysans de Marseille, ou bien...

» — Connu le reste ! Et après, que faut-il faire ?

» — Promets toujours que tu le feras.

» — Plus souvent ! dit Capucin.

» L'autre commença de le cajoler quarante fois plus finement qu'à la pointe Saint-Mathieu ; mais Capucin, qui se méfiait, fumait tranquillement son cigare et laissait courir :

» — Mon cher enfant, mon bon petit matelot, dit la brunette, appelle-moi d'abord ta mère.

» — Et puis? demande Capucin.

» — Oh ! le reste ira tout seul, répond madame Satan tout câlinement, comme une chatte qui fait gros dos.

» — Ah çà ! quand je vous dirai que vous êtes ma mère, ça fera-t-il que vous le soyez?

» L'autre pas si sotte que de répondre oui ou non, lui dit d'une voix plus douce qu'une petite flûte :

» — Capucin, mon enfant, je t'appelle mon fils depuis assez de temps, tu peux bien m'appeler ta mère une petite fois !

» — Je vous ai appelé cousin, cousine, oncle, tante, frère, sœur, matelot et matelotte ; m'est avis que nous sommes assez parents comme ça.

» — Tu te défies de ta bonne petite mère, mon cher petit Capucin, dit l'autre, toujours plus *amicablement*.

» Sa voix semblait un satin, c'était pareil à une demi-tasse de moka.

» — Si tu étais ma mère, ma vraie mère, ma vieille, qui est là-haut, tu aimerais mieux être empalée toi-même que de me faire empaler, moi. Si tu n'avais pas ton intérêt pour que je t'appelle de même, tu ne ferais pas tant ta mignonne. Oui ! je me méfie ! je suis matelot, j'ai l'œil américain. Après !... Je n'ai qu'une mère, qu'une vraie mère, une bonne sainte femme qui prie pour moi à Sainte-Anne dans ce moment-ci ; — voilà !

» Du coup, madame Satan n'y tient plus. Elle se met à crier comme le diable qu'elle était. Il lui pousse des cornes d'espadon ; elle devient plus laide et plus noire qu'une vieille négresse avec les yeux rouges, et des crocs en place de dents. Les belles sauvagesses et les généraux en grande tenue, et tous les danseurs se changent en un tas de chauves-souris, caïmans, serpents, scorpions, bêtes à mille pattes ; les cocotiers en perles, c'étaient des potences, et les jambons de Mayence des damnés pendus ; et le feu d'artifice devient un feu de forge qui puait l'enfer ; ça sentait le roussi, la fumée et la peste, pire que la machine d'un vapeur.

» Capucin pourtant était un crâne, un matelot, il n'eut peur de rien.

» — Rends-moi d'abord ce que tu as pris, scélérat, de Capucin, criait madame Satan.

» — Bon! bon! dit-il; pas tant de train. Moi, j'ai renié Dieu, j'ai tué, volé, assassiné, j'ai piraté, j'ai tout fait, mais je ne renierai pas ma mère!

» Et en disant ça, il fouillait lui-même dans ses poches pour rendre au grand diable l'or, l'argent et les diamants, mais il n'y trouva plus rien, — rien hormis le chapelet béni à Sainte-Anne-du-Porzic. »

VII

Conclusion

Madurec, en adroit narrateur, suspendit son récit à ce moment solennel, et se leva pour allumer sa pipe à la mèche. Onze heures sonnèrent. L'auditoire, touché au plus haut degré, aspirait ardemment à entendre la fin avant minuit.

— C'est égal! dit Biniou, ce renégat de Capucin n'était pas si brigand que je pensais.

— Messieurs, ajouta aussitôt le Parisien, Biniou parle comme le dictionnaire de l'Académie.

— Que va-t-il arriver? que va-t-il arriver? demanda Gimblard.

— Je gage, dit un quatrième, qu'avec son chapelet béni il tordra le cou au grand diable, qu'il se déhalera du fond des Pierres-Noires, et qu'il retournera droit à son bord...

— Madurec va nous dire la vérité, interrompit Prigent, et moi je mettrai la chose en chanson pour danser avec, après-demain pendant le grand quart.

Chacun faisait ses suppositons; Auguste et moi-même comme les derniers conscrits. Et je me rappelais ces vers charmants :

> Si Peau-d'Ane m'était conté,
> J'y prendrais un plaisir extrême.

Enfin, Madurec se rassit et les commentateurs se turent.

« — Le restant, dit-il, ne sera pas long à vous envoyer, et la cloche n'aura pas piqué la demi-brasse, que j'aurai fini.

» Donc, pendant que Capucin et madame Satan faisaient deux doigts de conversation, Ar-Braz et la vieille entrèrent à Sainte-Anne-du-Porzic.

» — Maître pilote, dit la bonne femme, vous êtes

un brave homme, un ancien, et je puis me fier à vous?

» — Sûrement, répond Ar-Braz.

» — Eh bien! vous connaissez Pierre Capucin?

» — Tiens! il est de notre bord; il est du navire que j'ai rentré ce matin.

» — La vérité, c'est que c'est mon fils.

» — Votre fils! votre vrai fils, le fameux Petit-Pierre, le forban! le renégat! le damné!...

» — Justement, maître Ar-Braz, et c'est rapport à lui que je fais un vœu... Nous ne serions pas trop de deux pour demander à sainte Anne de le sauver.

» — Soyez calme, ma bonne dame, je vais brûler deux cierges au lieu d'un.

» Ils n'avaient pas fini leur *Pater*, que Pierre Capucin tombe comme une bombe entre eux, avec son chapelet dans la main.

» Madame Satan avait eu peur de lui voir cette relique terrible, elle cule d'abord à longueur de gaffe, et puis d'un coup de fourche vous l'envoie roide en haut.

» Quand un brigand pareil vire de bord, il vire comme un cotre, en grand d'une fois. Pierre Capucin, tout en naviguant en l'air, s'était dit:

» — Si j'en réchappe, foi de matelot, je passe corps et biens du bord du Bon-Dieu!

» Et voilà!

» Madame Satan en fut pour sa peine; puisque Petit-Pierre ne voulait pas être son fils, il devait aller en Paradis, c'est clair!

» La bonne femme et le père Ar-Braz étaient contents, je te laisse à penser!

» Maintenant, tu sais cette grosse roche qui est à tribord en entrant dans le passage de l'Iroise, qu'on dirait un moine à genoux? Eh bien! c'est Pierre Capucin qui demeura là sept cent sept ans sans boire ni manger en pénitence de ses coups de flibuste.

» Les anciens qui m'ont appris cette histoire disaient qu'il mourut le jour du pardon de sainte Anne, et on s'en aperçut parce qu'auparavant il branlait toujours la tête, au lieu qu'à présent il ne bouge plus.

« Cric! crac!... vingt doublons dans mon sac! un crapaud dans ton hamac! »

Telle fut la digne péroraison de Madurec, le gabier de beaupré.

Auguste et moi nous nous retirâmes dans nos cabines.

Une demi-heure après, Tribord était de quart; les babordais avaient oublié Ar-Braz, Capucin, madame Satan, et tout l'attirail fantastique de Madurec; ils dormaient *en double,* selon l'expression pittoresque du gaillard-d'avant, car ceux qui se sont couchés à minuit se lèvent inévitablement à quatre heures du matin. Huit mois après, en passant devant les Pierres-Noires, Madurec montrait à Prigent, Gimblard, Biniou et le Parisien le rocher en forme de moine agenouillé, *la Pierre-Capucin*, qui a donné lieu à la légende maritime qu'on vient de lire.

TABLE DES MATIÈRES

UNE CHIENNE D'HABITUDE

HISTOIRE D'UN GROGNARD D'EAU SALÉE

Chapitres.   Pages

I. — La baleine d'or   1
II. — Le départ   18
III. — Autres conséquences d'un sauvetage incognito. . .   23
IV. — Le matelot d'un matelot   26
V. — Madeleine Calimard   35
VI. — Suite et fin des aventures de Michel Martaillo . . .   41

LE FOND DE LA MER

CONTE DE MATELOTS

I. — Sur les sondes   57
II. — Ce que c'était que Pierre Capucin   60
III. — Simple analyse   71
IV. — Une promenade à terre   75
V. — Divers commentaires   89
VI. — Tentation de Pierre Capucin   92
VII — Conclusion 104

FIN DE LA TABLE.

Abbeville. — Imp. P. Briez.

www.ingramcontent.com/pod-product-compliance
Lightning Source LLC
LaVergne TN
LVHW021859170726
843503LV00003B/1314